로마서
말씀읽기

로마서 말씀읽기

1판 인쇄일 2022년 5월 23일
1쇄 발행일 2022년 6월 1일

지은이 _ 김영한
펴낸이 _ 한치호
펴낸곳 _ 종려가지
등 록 _ 제311-2014000013호(2014. 3. 21)
주 소 _ 서울특별시 은평구 은평로 14길 9-5
전 화 _ 02. 359. 9657
디자인 _ 표지 이순옥/ 내지 구본일

제작대행 세줄기획(02.2265.3749)
영업(총판) 일오삼
전 화_ 02. 964.6993 팩스 2208.0153

값 8,000 원

ISBN 979-11-90968-36-2

김영한 목사 지음

문서사역
|종|려|가|지|

아버지 하나님 은혜 감사드립니다.

글재주가 있는 것도 아니고 신학자도 아니지만

거리에서 전도하며 영등포 소재, 마태교회(노숙인만 오시는 교회)에서

말씀을 전하며 내가 만난 예수님을 나누고 싶었습니다.

독자 분들에게 성령님께서 강하게 역사하셔서

예수님을 만나는 은혜가 임하시기를 기도드립니다.

김 영 한 목사

차 례

1

롬 1~4장

1 · 예수님은 누구신가

1장 4절

성결의 영으로는 죽은 자들 가운데서 부활하사 능력으로 하나님의 아들로 선포되셨으니 곧 우리 주 예수 그리스도시니라

and who through the Spirit of holiness was declared with power to be the Son of God by his resurrection from the dead : Jesus Christ our Lord.

이 땅에 오신 하나님의 아들 그리스도입니다. 어떻게 알 수 있나요? 그냥 나와 같은 사람 아닌가요? 죄 있으면 죽었다가 다시 살아날 수 없습니다. 어떤 영웅호걸도 다시 살아나지 못했고, 예수님만이 다시 살아나셨습니다. 부활은 죄 없는 하나님의 아들이라는 증명서입니다.

죄가 무엇인가요? 사람은 하나님께서 창조하신 하나님 소유입니다. 하나님 뜻대로 살지 않는 게 죄입니다. 내 마음대로 사는 게 죄입니다. 세상에 죄 없는 사람은 없습니다. 사람은 죄 때문에 예수님에게 일어난 부활이 없습니다.

예수님은 나에게도 부활을 주시려고 세상에 오셨습니다. 내 죄를 용서하시려고 오신 그리스도입니다. 그리스도는 죄 있으면 안 됩니다. 자기도 다시 살아나지 못하면서 누구를 구원할 수 있겠습니까. 부활하게 하시는 하나님의 아들 그리스도 예수님을 믿으십시오.

2 · 차별 없는 복음

1장 14절

헬라인이나 야만인이나 지혜 있는 자나
어리석은 자에게 다 내가 빚진 자라
I am obligated both to Greeks and non
- Greeks, both to the wise and the foolish

예수님은 유대인만을 위해 오신 하나님 아들이 아닙니다. 모든 사람을 위해 오셨습니다.

예수님의 십자가에서 흘리신 보혈은 온 땅에 살고 있는 모든 사람의 죄 값을 대신하셨습니다.

이 소식은 당연히 모든 사람에게 전해져야 합니다.
알라 힌두 라마불교를 믿는 모든 사람에게도 전해져야 합니다. 그들도 복음을 들을 권리가 있습니다.

먼저 믿는 우리가 알려주어야 합니다.

3 · 복음의 능력

1장 16절

내가 복음을 부끄러워하지 아니하노니 이 복음은 모든 믿는 자에게 구원을 주시는 하나님의 능력이 됨이라 먼저는 유대인에게요 그리고 헬라인에게로다
I am not ashamed of the gospel, because it is the power of God for the salvation of everyone who believes : first for the Jew, then for the Gentile.

바울에게 복음은 예수님입니다.
예수님 믿던 사람들을 핍박하던 바울이 예수님을 만나고 바뀌었습니다. 유대인뿐만 아니라 이 세상 모든 사람이 예수님을 그리스도로 믿으면 하나님께 갈 수 있다는 믿음 때문입니다.

사람은 율법을 다 지킬 수 없습니다. 못 지키면 죄인이 되고 죄인은 하나님께 못갑니다. 하나님께 가는 길은 예수님을 그리스도로 믿는 믿음 뿐입니다. 누구든지 예수님만이 죄에서 나를 구원하신 그리스도라고 믿으면 그 믿음으로 죄 용서받고 하나님께 나갈 수 있습니다.

너무 기쁜 소식입니다. 바울은 이 복음을 위해 살았습니다.

4 · 오직 믿음으로

1장 17절

복음에는 하나님의 의가 나타나서 믿음으로 믿음에 이르게 하나니
기록된 바 오직 의인은 믿음으로 말미암아 살리라 함과 같으니라
For in the gospel a righteousness from God is revealed, a righeousness that is by faith from first to last, just as it is written : "The righteous will live by faith."

복음은 예수님. 하나님의 의는 죄인을 용서하시고 살려주시는 사랑입니다. 이 사랑은 누구든지 예수님을 그리스도 하나님 아들로 믿으면 받을 수 있습니다. 나도 받을 수 있습니다.

예수님은 나를 살려주신 그리스도 이십니다. 십자가에서 나를 위해 죽으셨고 다시 살아나신 하나님 아들이십니다. 나의 믿음입니다. 나에게 예수님보다 귀한 것은 없습니다. 하나님은 이 믿음을 보시고 내 모든 죄를 용서하여 주시며 의롭다 하십니다.

믿음이 없다면 의인이 될 수가 없습니다.

5 · 무엇이 죄인가요

1장 18절

하나님의 진노가 불의로 진리를 막는 사람들의 모든 경건하지 않음과 불의에 대하여 하늘로부터 나타나나니

The wrath of God is being revealed from heaven against all the godlessness and wickedness of men who suppress the truth by their wickedness,

하나님의 말씀을 우습게 보는 게 불의이며 이게 죄입니다. 죄는 암보다도 천 만배 더 무섭습니다. 하나님의 진노가 기다리기 때문입니다.

하나님의 진노는 너무 무섭습니다. 칼과 기근 염병이 기다리고 마지막은 영원한 지옥입니다. 구더기도 죽지 않고 불도 꺼지지 않는 영원한 불 구덩이.

오늘 내가 해결해야 할 가장 급한 문제는 죄에서 벗어나는 일입니다. 그 답은 예수님뿐입니다.

6 · 하나님의 소유

1장 19절

이는 하나님을 알 만한 것이 그들 속에 보임이라
하나님께서 이를 그들에게 보이셨느니라
Since what may be known about God is plain to them, because God is plain to them,because God has made it plain to them.

태초에 하나님께서 세상을 창조하시니라.

믿음은 이 말씀에서 시작됩니다. 나는 하나님께서 만드신 하나님의 것입니다. 내 마음대로 살면 안됩니다. 하나님의 뜻대로 살아야 합니다.

나는 내 마음대로 살고 있습니다. 지금도 하나님은 절대 없다는 확신 속에서 살고 있습니다. 교만하기 끝이 없습니다.

무섭지 않으세요? 하나님 앞에서 겸손하고 솔직하십시오. 하나님은 나를 사랑하십니다. 나도 마땅히 하나님을 사랑해야 합니다.

7 · 죄(1)

1장 21절

하나님을 알되 하나님을 영화롭게도 아니하며 감사하지도 아니하고 오히려 그 생각이 허망하여지며 미련한 마음이 어두워졌나니

For although they knew God, they neither glorified him as God nor gave thanks to him, but their thinking became futile and their foolish hearts were darkened.

나는 하나님의 것입니다. 내가 주인이 아닙니다.

죄는 이것을 인정하지 않는 것입니다. 당연히 하나님을 영화롭게 하지도 않고 감사하지도 않습니다. 점점 교만하여져서 하나님을 무시하고 조롱합니다.

잘난 척하지만 절대 마음에 평안과 기쁨이 없습니다. 죄의 값은 죽음입니다.

온 마음을 다해 하나님을 사랑하십시오. 생명의 길입니다.

8 · 죄(2)

1장 24절

그러므로 하나님께서 그들을 마음의 정욕대로 더러움에 내버려 두사 그들의 몸을 서로 욕되게 하게 하셨으니

Therefore God gave them over in the sinful desires of their hearts to sexual impurity for the degrading of their bodies with one another.

하나님은 신사입니다. 힘이 있다고 마음대로 하지 않습니다. 귀신은 다릅니다. 종을 부리듯 폭력과 폭언을 멈추지 않습니다.

내 마음대로 살아도 잘만 산다고 하나님을 조롱하지 마십시오.

하나님은 가슴 아파하시며 내가 돌아오기를 기다리십니다. 기다리시는 하나님을 비웃지 마십시오.

내일은 내 날이 아닙니다. 어서 돌아오십시오. 한번 죽는 것은 사람에게 정한 일이요 그 후에는 심판이 있습니다. 지금 아직 기회가 있습니다.

9 · 내가 죄인

ROMANS

1장 28절

또한 그들이 마음에 하나님 두기를 싫어하매 하나님께서 그들을 그 상실한 마음대로 내버려두사 합당하지 못한 일을 하게 하셨으니 곧 모든 불의, 추악, 탐욕, 악의가 가득한 자요 시기, 살인, 분쟁, 사기, 악독이 가득한 자요 수군수군하는 자요

Furthermore, since they did not think it worthwhile to retain the knowledge of God, he gave them over to a depraved mind, to do what ought not to be done.

하나님을 모시면 하나님의 사랑이 피어나고 마귀와 함께 하면 미움과 증오가 피어납니다.

죄 중의 죄는 무엇일까요? 마음에 하나님을 무시하며 자기가 최고라는 교만입니다. 하나님이라면 악을 쓰며 대들고 조롱하는 사람. 하나님도 이렇게 나오면 간섭하지 않습니다.

내버려두십니다. 자기는 큰소리치지만 너무 불쌍합니다. 이런 사람이 맺는 열매가 바로 시기 살인 분쟁 사기…… 멸망을 향해 질주하고 있습니다.

회개하십시오.

10 · 심판

2장 5절

다만 네 고집과 회개하지 아니한 마음을 따라 진노의 날 곧 하나님의 의로우신 심판이 나타나는 그 날에 임할 진노를 네게 쌓는도다

But because of your stubbornness and your unrepentant heart, you are storing up wrath against yourself for the day of Gods wrath, when his righteous judgment will be revealed.

세상은 용서가 없습니다. 지난날의 죄를 찾아내고 벌을 내립니다.

하나님은 다릅니다. 죄를 용서하십니다. 예수님은 죽음 앞에서 회개하는 강도에게 낙원을 약속하셨습니다.

예수님은 내 죄에 대해 대신 심판을 받으셨습니다. 죄 값을 갚아주셨습니다. 이제는 더 이상 죄를 기억하지 않으십니다. 누구든지 이 은혜와 사랑을 믿고 감사하면 하나님은 이 믿음을 보시고 내 죄를 용서하시며 심판의 날 진노에서 구원하여 주십니다.

하나님의 사랑입니다. 내 죄 값을 대신 갚아주시고 믿으면 용서하여 주시는 사랑입니다. 죄 때문에 멸망하는 게 아니라 회개하지 않아서 진노의 심판을 받게 됩니다.

11 · 율법(1)

2장 12절

율법없이 범죄한 자는 또한 율법 없이 망하고 무릇 율법이 있고 범죄한 자는 율법으로 말미암아 심판을 받으리라

All who sin apart from the law will also perish apart from the law, and all who sin under the law will be judged by the law.

사람은 하나님을 닮아 선과 악을 압니다. 법이 있든 없든 상관없이 선과 악을 알고 있습니다.

유대인들은 율법이 있다고 의인입니까? 절대 아닙니다. 법대로 살지 않았다면 죄에 대한 심판이 있습니다.

율법이 없는 사람들은 죄에서 자유로운가요? 아닙니다. 그들도 벌써 죄가 무엇인지 알기 때문입니다.

유대인이나 이방인이나 모든 사람은 죄에 대한 심판이 있습니다. 심판을 잊지 마십시오.

12 · 유대인

2장 28절

무릇 표면적 유대인이 유대인이 아니요
표면적 육신의 할례가 할례가 아니니라
A man is not a Jew if he is only one outwardly,
nor is circumcision merely outward and physical.

유대인들은 자신들만이 하나님의 백성이라고 착각하고 있습니다. 자신들은 모세가 하나님께 받은 율법이 있다고 자랑합니다.

율법은 장식품이 아닙니다. 말씀에 순종하지 않으면 자랑할 게 없습니다. 하나님의 율법대로 살지 않으면 유대인이 아닙니다. 하나님의 말씀에 순종하면 이방인일지라도 그 사람이 진정한 하나님의 백성 유대인입니다.

할례도 마찬가지입니다. 몸을 잘라낸다고 거룩해지는게 아닙니다. 죄짓는 마음을 잘라내야 진정한 할례입니다.

우리도 마찬가지입니다. 교회 다닌다고 다 성도가 아닙니다. 물과 성령으로 거듭나야 성도입니다.

13 · 하나님

3장 3절

어떤 자들이 믿지 아니하였으면 어찌하리요 그 믿지 아니함이 하나님의 미쁘심을 폐하겠느냐

What if some did not have faith? Will their lack of faith nullify Gods faithfulness?

잔칫상을 차려 놓아도 참석하지 않으면 그림의 떡입니다. 자기가 못 먹었다고 혼주를 욕할 수는 없습니다.

하나님은 심판 전에 예수님을 통해 대속의 은혜를 우리에게 주셨습니다. 예수님의 십자가 죽음입니다.
누구든지 이 사랑을 믿으면 멸망하지 않고 영생을 주십니다.

이 은혜를 무시하고 거부할 수 있습니다. 심판의 날 할 말이 없겠지요.
누구든지 이 사랑을 믿고 감사하면 죄를 용서하여 주십니다. 심판도 무서울 게 없습니다.

14 · 하나님의 공의

3장 5절

그러나 우리 불의가 하나님의 의를 드러나게 하면 무슨 말 하리요
진노를 내리시는 하나님이 불의하시냐

But if our unrighteousness brings out Gods righteousness more clearly,
what shall we say? That God is unjust in bringing his wrath on us?
(I am using a human argument.)

죄를 지으면 벌을 내리는 게 하나님의 공의. 벌을 내리신다고 하나님이 불의한 게 아니라는 말씀입니다.

하나님의 의는 불의에 대해서 결코 방관하지 않습니다. 진노하십니다. 죄가 있는데 방치한다면 하나님이 아닙니다.

죄는 반드시 심판과 벌이 있어야 합니다. 하나님의 공의입니다. 죄 없으면 진노도 없습니다. 하나님의 진노하시는 공의를 보겠다고 죄를 짓겠습니까?

죄에서 돌아서십시오.

15 · 죄의 유혹(1)

ROMANS

3장 7절

그러나 나의 거짓말로 하나님의 참되심이 더풍성하여
그의 영광이 되었다면 어찌 내가 죄인처럼 심판을 받으리요
Someone might argue, "If my falsehood enhances Gods truthfulness and so increases his glory, why am I still condemned as a sinner?"

하나님을 시험하면 죽습니다.

내가 죄를 지었습니다. 하나님께서 벌을 내리시겠지요. 사람들은 역시 하나님은 의롭다고 박수칠테고.
그럼 죄를 지은 내가 하나님을 의롭게 했으니 상을 받아야 합니까?
계속 죄를 지면 더 큰 상을 받습니까?
이런 생각으로 죄를 계속 진다면 마귀에게 속는 것입니다.

내 죄 때문에 십자가에 달리신 예수님을 생각하면 죄를 계속 지을 수가 없지요. 죄 짓지 않는 게 감사, 순종, 믿음입니다.

16 · 죄의 유혹(2)

3장 8절

또한 그러면 선을 이루기 위하여 악을 행하자 하지 않겠느냐 어떤 이들이 이렇게 비방하여 우리가 이런 말을 한다고 하니 그들은 정죄 받는 것이 마땅하니라

Why not say- as we are being slanderously reported as saying and as some claim that we say- "Let us do evil that good may result?" Their condemnation is deserved.

죄 뒤에는 항상 마귀가 있습니다. 마귀는 어떻게 해서든지 나를 속여서 죄를 짓게 만듭니다.

내가 죄를 지어도 용서해 주시는 하나님이라며 계속 죄를 지어도 괜찮다고 속입니다. 너를 용서하시는 하나님의 사랑에 사람들이 박수칠 것이고 죄짓는 너도 하나님께 사랑을 받을 것이라고 속입니다.

속지 맙시다. 예수님의 이름으로 마귀를 물리치고 죄를 이깁시다.

내가 거룩하니 너희도 거룩하라고 하신 말씀을 잊지 맙시다.

17 · 죄인

3장 9절

우리는 나으냐 결코 아니라 유대인이나 헬라인이나
다 죄 아래에 있다고 우리가 이미 선언하였느니라

What shall we conclude then? Are we any better? Not at all! We have already made the charge that Jews and Gentiles alike are all under sin.

유대인들은 참 웃기는 사람들입니다. 자신들이 대단하다고 생각합니다. 바울은 여기에 찬물을 끼얹습니다. 우리는 다 죄인이라고. 간음하다 잡혀온 여인에게 돌을 들어 치려하지만 자기도 돌 맞을 죄인입니다.

왜 이 말씀을 하실까요? 모든 사람은 자신을 죄에서 구원하실 그리스도가 필요하다는 말씀을 전하기 위해서입니다. 자기 스스로 자신을 죄에서 구원할 수 있는 사람은 없습니다.

의인은 없나니 하나도 없도다. 죄인을 구원하시는 그리스도는 십자가에 죽으시고 부활하신 오직 예수님뿐입니다.
사람은 예수님을 그리스도로 믿을 때만 죄에서 풀려날 수 있습니다. 바울의 메시지입니다.

18 · 나는 누구인가

3장 10절

기록된 바 의인은 없나니 하나도 없으며 깨닫는 자도 없고
하나님을 찾는 자도 없고 다 치우쳐 함께 무익하게 되고
선을 행하는 자는 하나도 없나니 하나도 없도다

As it is written : "There is no one righteous, not even one : there is no one who understands, no one who seeks God. All have turned away, they have together become worthless : there is no one who does good, not even one."

나는 누구인가요? 하나님의 것이지만 내 멋대로 사는 죄인입니다.

사람은 죄 때문에 누구나 죽게 되어있고 심판을 받아야합니다. 영웅호걸도 예외가 없습니다.

온 천하를 얻고도 내 영혼이 지옥에 간다면 잠도 안오고 밥맛도 없어집니다. 지금 나에게 가장 필요한 것은 예수님을 나의 구주로 믿고 죄 용서 받아 하나님과 화목하는 것입니다.

내일이 아니라 지금입니다. 성령님께서 돌같이 굳은 영혼들을 깨워 주시기를 기도드립니다.

19 · 하나님의 심판

3장 19절

이는 모든 입을 막고 온 세상으로 하나님의 심판
아래에 있게 하려 함이라
so that every mouth may be silenced and
the whole world held accountable to God.

세상에 죄 없는 의인은 없습니다. 심판을 피할 수 없습니다.

하나님은 죄짓는 인간을 위해 예수님을 이땅에 보내셨습니다. 하나님의 아들은 아버지 뜻을 이루기 위해 세상 죄를 지시고 십자가에서 죽었습니다. 하나님은 누구든지 이 예수님을 자신의 구주로 믿으면 완전히 죄를 용서해 주시고 영생을 주시겠다고 약속했습니다. 하나님의 약속입니다.

마지막 심판의 날 하나님의 심판은 왜 너는 죄를 지었냐가 아니라 왜 너는 나의 사랑을 믿지 않았느냐입니다.

이 핑계 저 핑계로 예수님을 무시했다면 그 때 할 말이 없습니다.

20 · 율법(2)

ROMANS

3장 20절

그러므로 율법의 행위로 그의 앞에 의롭다 하심을 얻을 육체가 없나니 율법으로는 죄를 깨달음이니라

Therefore no one will be declared righteous in his sight by observing the law : rather, through the law we become conscious of sin.

율법은 하나님의 법입니다. 율법대로 완벽하게 사는 사람은 세상에 없습니다. 죄는 법을 어기는 것이고 법 때문에 죄인이 됩니다.

왜 하나님은 율법을 주셨을까요? 하나님을 닮으라고 주셨습니다. 내가 거룩하니 너희도 거룩하라는 명령입니다. 율법대로 살아야하는데 그렇지 못합니다.

율법은 그리스도 없이는 죄에서 벗어날 수 없다는 것을 깨닫게 해줍니다. 죄를 보게 하는 거울입니다.

율법에 관한 지식이 필요한 게 아니라 율법을 통해 죄를 회개하는 애통함이 필요합니다.

21 · 하나님의 의

3장 21절

이제는 율법 외에 하나님의 한 의가 나타났으니
율법과 선지자들에게 증거를 받은 것이라

But now a righteousness from God, apart from law,
has been made known, to which the Law and the Prophets testjfy.

율법 외에 나타나신 하나님의 의는 예수님입니다.

왜 예수님이 하나님의 의인가요? 하나님의 의는 죄에 대한 심판과 진노입니다. 죄없는 하나님의 아들 예수님은 나의 죄를 나에게 묻지 않고 자신이 짊어지셨습니다. 십자가에서 피 흘려 죽으심으로 하나님의 진노를 내 대신 다 받으셨습니다. 가장 고통스런 십자가 죽음으로 죄 값을 혹독하게 치루셨습니다. 하나님의 의는 예수님에게서 이루어졌습니다.

율법과의 차이입니다. 율법은 죄를 알려주지만 십자가는 없습니다. 예수님은 다릅니다. 자신이 저주를 받음으로 하나님의 의를 이루었습니다. 그래서 예수님만이 그리스도입니다.
바울은 율법이 아닌 예수님만이 우리를 의롭게 하시는 하나님의 의라고 죽도록 세상에 전했습니다.

22 · 예수 그리스도(1)

3장 22절

곧 예수 그리스도를 믿음으로 말미암아 모든 믿는 자에게
미치는 하나님의 의니 차별이 없느니라
This righteousness from God comes through faith in Jesus Christ
to all who believe. There is no difference,

바울은 어떻게 우리가 의롭게 되느냐에 목숨을 걸었습니다. 예수님입니다. 세상은 예수님을 비웃고 조롱하며 십자가에 죽였습니다. 예수님은 하나님의 의를 이루시려고 내 죄를 대신하여 십자가에서 죽었습니다. 하나님의 의는 십자가에서 다 이루어졌습니다.

예수님께서 나를 하나님의 심판과 진노에서 구원하신 그리스도이심을 믿으십니까? 죄 없는 하나님의 아들이심을 믿으십니까? 믿으신다면 예수님은 나의 구주. 나에게 가장 귀한 분. 내가 가장 사랑하는 분이 될 수밖에 없습니다.

오직 예수. 하나님은 더 이상 나의 불의를 기억하지 않는다고 약속하셨습니다. 너무 감사합니다. 누구든지 오직 예수님을 나의 구주로 믿을 때만 의로워질 수 있습니다. 다른 길은 절대 없습니다. 누구든지 믿음으로 의로워질 수 있습니다. 그래서 복음입니다.

23 · 죄(3)

3장 23절

모든 사람이 죄를 범하였으매
하나님의 영광에 이르지 못하더니
for all have sinned and
fall short of the glory of God

못생겨도 가난해도 못 배웠어도 상관없습니다. 하나님께 가는 길은 거룩한 길이라 죄만 없으면 누구나 갈 수 있습니다. 아무리 세상에서 유명해도 죄 있으면 하나님께 갈 수 없습니다.

죄가 문제입니다. 내가 하나님이다. 하나님보다 높다는 교만이 죄입니다. 이런 사람은 자기 마음대로 살겠지요. 하나님을 믿는 사람을 한심하다고 하겠지요.

하나님의 뜻대로 살지 않고 내 멋대로 사는게 죄입니다. 죄인에게는 평강이 없습니다. 아무리 자기가 잘났다고 외쳐도 그 속은 지옥입니다. 하나님의 영광을 볼 수 없습니다.

하나님의 영광은 영원한 평강입니다. 오직 믿음으로 하나님의 영광을 볼 수 있습니다.

24 · 속량

3장 24절

그리스도 예수 안에 있는 속량으로 말미암아 하나님의
은혜로 값 없이 의롭다 하심을 얻은 자 되었느니라
and are justified freely by his grace through
the redemption that came by Christ Jesus.

세상에 공짜는 없습니다. 은혜도 공짜가 아닙니다.

죄는 절대 그냥 넘어가지 않습니다. 죄의 값은 사망이라. 예수님은 내 죄 값을 대신 갚으시려고 이 땅에 오신 그리스도입니다. 그 값은 금 은이 아니라 피였습니다.

예수님은 기꺼이 십자가를 지셨습니다. 죽었습니다. 죄 값에 대한 속량입니다. 누구든지 이 속량하신 사랑을 믿고 감사하면 모든 죄를 용서받고 하나님의 자녀로 거듭날 수 있습니다.

예수님은 돈 받고 내 죄를 용서하여 주는 것이 아니라 내 안에 있는 믿음 감사 순종으로 용서하여 주십니다.

25 · 보혈

3장 25절

이 예수를 하나님이 그의 피로써 믿음으로 말미암는 화목제물로 세우셨으니 이는 하나님께서 길이 참으시는 중에 전에 지은 죄를 간과하심으로 자기의 의로우심을 나타내려 하심이니

God presented him as a sacrifice of atonement, through faith in his blood. He did this to demonstrate his justice, because in his forbearance he had left the sins committed beforehand unpunished

제물은 피 흘려 죽어야 합니다. 그래야 끝이 납니다. 예수님도 피 흘려 죽으셨기에 이제 죄 값은 끝이 났습니다. 이 피 속에는 태초부터 마지막까지의 모든 죄 값이 들어있습니다. 하나님은 죄에 대한 진노를 참고 참으셨습니다. 세상을 심판하지 않고 참으셨습니다.

예수님의 십자가에 하나님의 모든 진노가 쏟아졌습니다. 하나님은 더 이상 죄에 대해 진노하시지 않고 죄를 기억하지 않겠다고 약속하셨습니다.

예수님의 피는 보혈입니다. 하나님의 진노에서 나를 구원하셨기 때문입니다.

26 · 하나님의 사랑(1)

3장 26절

곧 이 때에 자기의 의로우심을 나타내사 자기도 의로우시며
또한 예수 믿는 자를 의롭다 하려 하심이라

he did it to demonstrate his justice at the present time, so as to be just
and the one who justifies those who have faith in Jesus.

하나님은 사랑이지만 죄까지 사랑하지는 않습니다. 누구보다 죄에 대해 엄하십니다. 바로 바로 죄를 심판하신다면 살아남을 사람이 없습니다.

하나님은 참고 또 참으셨습니다. 나를 불쌍히 여기사 내 죄 값을 하나님 자신이 대신 벌 받았습니다. 예수님의 십자가입니다. 죄의 저주와 진노는 끝났습니다.

이제 누구든지 이 사랑과 은혜를 믿고 영접하면 죄에서 해방되어 하나님의 자녀가 됩니다.

꼭 하나님의 자녀가 되십시오.

27 · 의롭게 되는 길

3장 28절

그러므로 사람이 의롭다 하심을 얻는 것은 율법의 행위에 있지 않고 믿음으로 되는 줄 우리가 인정하노라

For we maintain that a man is justified by faith apart from observing the law.

적당히 의로워지면 하나님 영광에 이를 수 없습니다. 하나님만큼 의로워져야 하는데 이게 가능합니까? 언감생심입니다.

율법대로 살면 하나님만큼 의로워질 수 있지만 그런 사람은 없습니다. 율법으로는 누구도 의인이 될 수 없습니다.

하나님만큼 깨끗한 의인이 되는 길은 예수님을 통하지 않고는 불가능합니다.

예수님의 십자가 사랑 은혜를 믿을 때 누구든지 모든 죄를 용서받아 하나님만큼 의롭게 될 수 있습니다.

오직 예수 믿음, 다른 길은 없습니다.

28 · 율법과 믿음

3장 31절

그런즉 우리가 믿음으로 말미암아 율법을 파기하느냐
그럴 수 없느니라 도리어 율법을 굳게 세우느니라
Do we ,then, nullify the law by this faith?
Not at all! Rather, we uphold the law.

율법은 하나님의 말씀입니다. 믿음이 있다면서 율법을 무시한다면 앞뒤가 안맞지요. 잘못된 믿음입니다.

예수님은 하나님이시고 율법의 주인입니다. 태평양을 수영으로 건널 수 있는 사람은 없습니다. 비행기는 가능합니다.

누구나 자신의 힘으로 율법을 순종하지 못하지만 예수님 은혜와 용서로 율법의 강을 건널 수 있습니다.

온 마음을 다해 하나님을 사랑하고 이웃을 내 몸처럼 사랑할 때 그 속에 율법이 있습니다.

29 · 의인이 되는 길

4장 3절

성경이 무엇을 말하느냐 아브라함이 하나님을 믿으매
그것이 그에게 의로 여겨진 바 되었느니라
What does the Scripture say? "Abraham believed God, and it was credited to him as righteousness."

의는 세상에 없습니다. 하늘에서 내려옵니다. 하나님께서 주시는 선물입니다. 하나님께서 인정하셔야 합니다.

언제 하나님은 의인 이라고 인정하시나요? 우리 생각은 착한 일을 많이 하면 될 것 같지만 아닙니다.

하나님의 명령을 믿고 순종할 때 의인이라고 인정하십니다. 하나님은 75세 된 아브람에게 고향을 떠나 내가 알려주는 땅으로 떠나라고 하셨습니다. 순종하기 힘든 명령입니다.

아브람은 묵묵히 순종했습니다. 하나님을 믿기 때문입니다. 하나님은 이런 아브람에게 네가 의롭다고 말씀하셨습니다.

30 · 믿음의 선물

4장 5절

일을 아니할지라도 경건하지 아니한 자를 의롭다 하시는
이를 믿는 자에게는 그의 믿음을 의로 여기시나니
However, to the man who does not work but trusts God who justifies the wicked, his faith is credited as righteousness.

누구든지 의인이 될 수 있습니다. 어리둥절하시지요? 어떻게 내가 감히 의인이 될 수 있나요. 그것도 하나님께서 인정하시는 의인이, 세상에서 상이라고는 한 번도 타본 적이 없는데 의인이 될 수 있다니 믿기 어렵지요.

예수님의 보혈로 모든 죄를 씻어주시지 않으면 누구도 의로워질 수 없습니다.
누구든지 예수님을 구주로 믿으면 믿음으로 죄를 용서하여 주십니다.

예수님의 죄 용서 때문에 의인이 될 수 있습니다.

의는 믿음의 선물입니다.

31 · 복

4장 7절

불법이 사함을 받고
죄가 가리어짐을 받는 사람들은 복이 있고
Blessed are they whose transgressions
are forgiven, whose sins are covered.

금 덩어리가 생기는 게 복 인줄 알았는데 전혀 다른 내용입니다.

복은 의입니다. 의롭지 못하면 다 헛될 뿐입니다. 죽음의 강을 건너지 못하고 불 못으로 빠지기 때문입니다. 내 힘으로 의로워질 수 없습니다. 죄 용서 받아야 의로워질 수 있습니다.

죄 용서 받은 사람이 복 있는 사람입니다.

어떻게 죄 용서 받을까요? 오직 믿음입니다. 내 죄를 대신하신 예수님 십자가 은혜를 인정하고 감사할 때 의롭다 하시며 용서하여 주십니다.

예수님을 구주로 믿어 복 받은 사람이 됩시다.

32 · 할례

4장 11절

**그가 할례의 표를 받은 것은 무할례시에 믿음으로 된 의를 인친 것이니
이는 무할례자로서 믿는 모든 자의 조상이 되어
그들로 의로 여기심을 얻게 하려 하심이라**

And he received the sign of circumcision, a seal of the righteousness
that the had by faith while he was still uncircumcised. So then,
he is the father of all who believe but have not been circumcised,
in order that righteousness might be credited to them.

아브라함은 할례 받아서 의로워진 것이 아니라 의로워진 다음 할례를 받았습니다. 믿음으로 의로워지고 말씀에 순종해서 구원을 받습니다.

할례는 내 속에 하나님보다 더 귀한 것을 제거하는 회개이고 순종입니다. 육체의 할례는 자랑할 것이 없습니다.

예수님을 구주라고 시인하면서 순종이 없다면 온전한 믿음이 될 수 없습니다.

왜 하나님은 아브라함에게 할례를 명하셨을까요. 할례는 순종이기 때문입니다. 할례는 죄악을 자르는 회개입니다.

33 · 상속자

4장 14절

만일 율법에 속한 자들이 상속자이면
믿음은 헛것이 되고 약속은 파기되었느니라
For if those who live by law are heirs,
faith has no value and the promise is worthless,

왜 유대인들은 사도 바울을 죽이려했을까요? 바울의 메시지 때문입니다. 율법이 있는 유대인만이 하나님의 상속자가 아니라고 했기 때문입니다. 유대인의 기득권을 인정하지 않았기 때문입니다.

바울은 하나님의 자녀는 유대인만이 아니라 예수님을 믿는 모든 사람이라고 외쳤습니다. 사마리아 헬라 사람도 예수님을 구주로 믿으면 하나님 나라의 상속자, 자녀가 될 수 있다고 하니 유대인들에게 바울은 눈에 가시였습니다.

하나님 구원은 공평하십니다. 기득권이 없습니다.

오늘, 내 속에 예수님에 대한 믿음이 있느냐 없느냐로 판가름 납니다.

34 · 율법(3)

4장 15절

율법은 진노를 이루게 하나니
율법이 없는 곳에는 범법도 없느니라
because law brings wrath. And where
there is no law there is no transgression.

유대인들은 하나님께 감사해야 합니다. 하나님께서 자신들에게 율법을 주셔서 자신들이 죄인이라는 것을 일찍 알게 하셨기 때문입니다.

그들은 율법 때문에 교만할 게 아니라 더욱 겸손해져야 하는데 교만했습니다. 율법은 거룩하지만 나에게는 실행할 힘이 없구나. 나는 죄인이구나. 하나님의 진노를 피할 수 없구나. 이것을 인정하고 예수님을 믿어야하는데 오히려 그리스도를 죽였습니다.

예수님만이 율법의 주인이십니다. 예수님 안에서만 율법에서 자유로울 수 있습니다.

예수님 안에서만 죄에서 벗어날 수 있지 율법 앞에서는 누구나 죄인입니다.

35 · 믿음

ROMANS

4장 20절

믿음이 없어 하나님의 약속을 의심하지 않고 믿음으로 견고하여져서 하나님께 영광을 돌리며 약속하신 그것을 또한 능히 이루실 줄을 확신하였으니 그러므로 그것이 그에게 의로 여겨졌느니라

Yet he did not waver through unbelief regarding the promise of God, but was strengthened in his faith and gave glory to God,

누구나 의롭지 못하면 아버지께 갈 수 없습니다. 아브라함의 나이는 100세를 바라보고 아내 사라는 90이 되었습니다. 자식이 생긴다는 건 절대 불가능하지만 아브라함은 하나님의 약속이기에 끝까지 믿어 의롭다하심을 얻었습니다.

우리 눈에 예수님은 무명의 목수출신으로 겉모습이 초라합니다. 힘없이 십자가에 죽었습니다. 전혀 하나님의 아들처럼 그리스도처럼 안 보입니다.

그래도 끝까지 예수님을 그리스도로 믿으면 아브라함처럼 의롭다하심을 얻습니다.
의인이 되는 유일한 길입니다.

36 · 의

4장 24절

의로 여기심을 받을 우리도 위함이니 곧 예수 우리 주를 죽은 자 가운데서 살리신 이를 믿는 자니라

but also for us, to whom God will credit righteousness- for us who believe in him who raised Jesus our Lord from the dead.

하늘나라에서는 의가 가장 중요합니다. 거기는 의롭지 못하면 못가기 때문입니다.

아브라함이 하나님 말씀을 믿어서 의로워졌다면 우리도 하나님의 말씀을 믿음으로 의로워질 수 있습니다.

하나님은 누구이십니까? 십자가에 죽으신 예수님을 살리신 하나님이십니다.
어떻게 예수님은 다시 살아나셨습니까? 하나님께서 내 죄를 용서하셨기에 살아나셨습니다.

내 죄를 용서하여 주신 하나님. 우리의 믿음입니다. 의인은 오직 믿음으로 살리라.

37 · 예수

4장 25절

예수는 우리 범죄함 것 때문에 내줌이 되고
또한 우리를 의롭다 하시기 위하여 살아나셨느니라
He was delivered over to death for our sins
and was raised to life for our justification.

십자가와 부활.

죄는 벌을 받아야 해결됩니다. 예수님은 내 대신 벌을 받으셨습니다. 십자가의 죽음입니다.
장사 된지 삼일 만에 예수님은 살아나셨습니다. 무슨 말인가요? 예수님은 죄 없으신 하나님의 아들입니다. 죽을 일이 없습니다. 십자가에서 내 죄를 지셨기 때문에 죽으셨지만 살아나셨다는 것은 내 죄를 다 용서해 주셨다는 말입니다.

죄 용서 받아야 의롭게 됩니다. 예수님의 부활은 우리를 의롭게 하신 가장 확실한 증거입니다. 예수님께서 부활하지 못했다면 우리는 여전히 죄 속에 있고 의로워질 수가 없습니다.
십자가와 부활은 예수님만이 그리스도 하나님의 아들이라는 증거입니다.

2

|

롬 5~8장

38 · 하나님과 화평

5장 1절

그러므로 우리가 믿음으로 의롭다 하심을 받았으니
우리 주 예수 그리스도로 말미암아 하나님과 화평을 누리자
Therefore, since we have been justified through faith,
we have peace with God through our Lord Jesus Christ,

세상은 의롭다는 것을 부러워하지 않습니다. 의가 무엇인지 모르기 때문입니다. 하나님께서 나를 의롭다 인정하시는게 얼마나 좋은지 모릅니다.

의롭게 되는 길은 오직 예수님을 그리스도로 믿는 믿음뿐입니다.

의인이 되어 제일 좋은 것은 하나님의 자녀가 되는 것입니다. 하나님은 아버지가 되십니다. 아버지라 부를 수 있습니다. 그 날이 오면 영원히 아버지와 함께 살게 됩니다.

예수님을 믿어 받는 제일 큰 복입니다.

39 · 소망

5장 5절

소망이 우리를 부끄럽게 하지 아니함은 우리에게 주신
성령으로 말미암아 하나님의 사랑이 우리 마음에 부은 바 됨이니
And hope does not disappoint us, because God has poured
out his love into our hearts by the Holy Spirit,whom he has given us.

그리스도인의 소망은 하나님의 나라입니다.

하나님의 나라는 지금 내 속에 있습니다. 죄 용서받은 하나님의 자녀에게 주신 선물입니다. 세상에서 너희가 환난을 당하나 담대하라 내가 세상을 이기었노라. 내 속에는 성령님께서 함께 하십니다. 누구도 내 속에 하나님의 나라를 빼앗을 수 없습니다. 영원한 평안합니다.

십자가에 죽기까지 나를 사랑하시고 내 모든 죄를 용서하신 주신 우리 주님 예수그리스도 때문입니다. 어떤 어려움이 내 앞에 있어도 예수님만 바라보면 실망할 수 없습니다.

그 사랑은 영원하기 때문입니다.

40 · 그리스도

5장 6절

우리가 아직 연약할 때에 기약대로 그리스도께서
경건하지 않은 자를 위하여 죽으셨도다
You see, at just the right time, when we were
still powerless, Christ died for the ungodly.

예수님은 만왕의 왕입니다.

사람들은 힘 있는 왕을 기대했습니다. 화려한 대관식을 기대했습니다. 아닙니다.

예수님은 성령으로 기름부음 받은 그리스도입니다. 섬김을 받는 왕이 아니라 죄에 종노릇하는 사람들을 위해 제물이 되신 섬기는 왕이었습니다.

사람들은 실망해서 십자가에 달린 예수님에게 욕하고 조롱했습니다. 네가 그리스도면 거기서 내려오라고 비웃었습니다.

예수님은 나를 위해 끝까지 참으셨습니다. 예수님은 물과 피를 다 흘려 내 모든 죄값을 갚아주셨습니다. 십자가에 죽으시고 부활하신 예수님만이 그리스도 하나님의 아들입니다.

오직 예수.

41 · 십자가 사랑

5장 8절

우리가 아직 죄인 되었을 때에 그리스도께서 우리를 위하여 죽으심으로
하나님께서 우리에 대한 자기의 사랑을 확증하셨느니라
But God demonstrates his own love for us in this :
While we were still sinners, Christ died for us.

예수를 믿으라고 하는데 뭘 믿으라는 건가요 . 그 분이 그리스도 하나님의 아들이심을.

그리스도는 누구인가요. 나를 영원히 살려주신 가장 높고 가장 귀하신 왕.

왜 예수님께서 그리스도지요? 내 죄를 위해 죽었으니까요. 예수님에게만 십자가와 부활이 있으니까요. 부활이 없다면 십자가는 저주받은 사형틀일 뿐입니다.

예수님은 부활했습니다. 부활은 예수님만이 죄없는 하나님의 아들이심을 증명했습니다.

예수님의 십자가와 부활은 우리를 향한 하나님의 사랑입니다.

42 · 구원(1)

5장 9절

그러면 이제 우리가 그의 피로 말미암아 의롭다 하심을 받았으니 더욱 그로 말미암아 진노하심에서 구원을 받을 것이니
Since we have been justified by his blood, how much more shall we be saved from Gods wrath through him!

세상에 자신이 구세주라는 사람들이 있습니다.

그들은 무엇을 하였나요? 죄값을 갚기 위해 무엇을 하였나요? 죄값은 피를 요구합니다. 피 흘림 없이는 죄용서가 없습니다. 아무것도 하지않고 구세주라면 거짓이지요. 속아서는 안됩니다.

예수님에게는 내 죄를 위해 흘려주신 십자가 피가 있습니다. 하나님은 아들에게 진노를 다 쏟으시고 다시는 우리 죄악을 기억하지 않겠다고 약속하셨습니다. 예수님의 십자가와 부활만이 우리를 의롭게 하십니다.

십자가와 부활이 없다면 절대 그리스도 하나님의 아들이 아닙니다. 구세주가 될 수 없습니다.

43 · 구원(2)

5장 10절

곧 우리가 원수 되었을 때에 그의 아들의 죽으심으로 말미암아 하나님과 화목하게 되었은즉 화목하게 된 자로서는 더욱 그의 살아나심으로 말미암아 구원을 받을 것이니라

For if, when we were Gods enemies, we were reconciled to him through the death of his Son, how much more, having been reconciled, shall we be saved through his life!

예수님의 죽음이 없다면 하나님과 화목할 수 없습니다. 이유는 예수님께서 십자가에서 내 죄 값을 갚아주셨기 때문입니다.

이제 공은 나에게 왔습니다. 이 사랑과 은혜를 믿으면 죄 용서를 받게 되어있습니다. 당연히 하나님과 화목하게 되고 아버지라 부를 수 있습니다. 죄 용서 받으면 예수님처럼 부활합니다.

부활보다 더 좋은 소망은 없습니다.

죄 때문에 멸망하지 말고 아버지와 영원히 함께 사는 영생을 누리십시오.

44 · 죄와 죽음

5장 12절

그러므로 한 사람으로 말미암아 죄가 세상에 들어오고 죄로 말미암아 사망이 들어왔나니 이와 같이 모든 사람이 죄를 지었으므로 사망이 모든 사람에게 이르렀느니라

Therefore, just as sin entered the world through one man, and death through sin, and in this way death came to all men, because all sinned-

아담은 처음 사람입니다. 나도 아담처럼 죄를 지은 죄인입니다. 나는 죄가 없는데 아담 때문에 억울하게 죄인이 된 게 아닙니다. 내가 죄를 지은 죄인입니다.

죄가 있는 곳에 죽음이 찾아옵니다. 모든 사람은 죄 때문에 반드시 죽습니다. 나도 죽습니다. 심은 대로 거두리라. 살아있으면서 심은 것을 거두는 심판이 있습니다. 사람들은 심판을 말도 안 된다고 말하지만 속으로는 느낍니다. 죽음이 싫고 무서운 이유입니다.

만일 네 눈이 너를 범죄 하게 하거든 빼버리라 한 눈으로 하나님의 나라에 들어가는 것이 두 눈을 가지고 지옥에 던져지는 것보다 나으리라 거기에서는 구더기도 죽지 않고 불도 꺼지지 아니하느니라 사람마다 불로써 소금 치듯 함을 받으리라.

예수님께서 직접 하신 말씀입니다.

45 · 심판과 은사

5장 16절

또 이 선물은 범죄한 한 사람으로 말미암은 것과 같지 아니하니
심판은 한 사람으로 말미암아 정죄에 이르렀으나
은사는 많은 범죄로 말미암아 의롭다 하심에 이름이니라
Again, the gift of God is not like the result of the one mans sin :
The judgment followed one sin and brought condemnation,
but the gift followed many trespasses and brought justification.

이 땅에 오신 예수님 때문에 감사를 드립니다. 하나님께서 우리에게 주신 가장 큰 사랑은 예수님입니다. 예수님은 나의 모든 죄를 용서해 주시고 의롭게 하시는 그리스도입니다. 죄는 티끌 만해도 죽음과 심판을 몰고 오지만 예수님의 은혜는 수많은 죄를 용서하시고 의롭게 하십니다.

그는 실로 우리의 질고를 지고 우리의 슬픔을 당하였거늘 우리는 생각하기를 그는 징벌을 받아 하나님께 맞으며 고난을 당한다 하였노라 그가 찔림은 우리의 허물 때문이요 그가 상함은 우리의 죄악 때문이라 그가 징계를 받으므로 우리는 평화를 누리고 그가 채찍에 맞으므로 우리는 나음을 받았도다 우리는 다 양 같아서 그릇 행하여 각기 제 길로 갔거늘 여호와께서는 우리 모두의 죄악을 그에게 담당시키셨도다. 이사야 선지자의 말씀입니다.

46 · 순종(1)

ROMANS

5장 19절

한 사람이 순종하지 아니함으로 많은 사람이 죄인 된 것 같이
한 사람이 순종하심으로 많은 사람이 의인이 되리라

For just as through the disobedience of the one man
the many were made sinners, so also through the
obedience of the one man the many will be made righteous.

하나님 말씀 듣지 않는 내가 바로 아담입니다. 나는 죄인입니다. 세상에 의인은 없습니다. 모든 사람이 죄 때문에 하나님의 영광에 가까이 할 수가 없습니다.

하나님은 세상을 구원하시려고 아들을 보내셨습니다. 예수님은 아버지 뜻에 순종하셨습니다. 세상 죄를 지고 가는 하나님의 어린 양이 되셨습니다. 내 죄를 위해 십자가를 지셨습니다. 내 대신 피 흘려 죽으셨습니다.

예수님은 나를 살려주신 구주입니다. 하나님은 누구든지 예수님을 그리스도로 믿으면 죄를 용서하여 주십니다. 죄인이 의인이 될 수 있는 유일한 길입니다.

예수께서 이르시되 내가 곧 길이요 진리요 생명이니 나로 말미암지 않고는 아버지께로 올 자가 없느니라.

47 · 은혜

6장 1절

그런즉 우리가 무슨 말을 하리요
은혜를 더하게 하려고 죄에 거하겠느냐
What shall we say, then? Shall we go on
sinning so that grace may increase?

예수님은 죄를 용서하여 주십니다. 죄 용서는 은혜입니다. 그렇다고 계속 죄를 짓겠다면 믿음이 아니지요. 죄 용서도 없습니다.

믿음은 은혜에 대한 감사와 순종입니다. 은혜는 원수로 갚는게 아닙니다. 하나님이 제일 싫어하시는게 죄인 줄 알면서 계속 죄를 짓겠다는 생각은 예수님을 팔아먹겠다는 가롯 유다와 같습니다.

죄 용서의 은혜를 많이 받겠다고 죄를 계속 짓는다면 마귀에게 속는 것입니다.

48 · 죄(4)

6장 2절

그럴 수 없느니라 죄에 대하여 죽은 우리가
어찌 그 가운데서 더 살리요
By no means! We died to sin :
how can we live in it any longer?

예수님을 믿으면 죄에 대하여 죽은 사람이 됩니다.

죄에 대하여 죽은게 무엇일까요? 죄 용서입니다. 용서 받았으니 죄와는 끝났습니다.

죄와 끝났는데도 자꾸 죄를 짓는게 내 모습입니다. 왜 그럴까요? 예수님밖에 있기 때문입니다. 깨어있지 않고 잠들었기 때문입니다.

예수님 안에 있을 때만 죄에 대해 죽지 예수님 떠나면 또 죄가 살아납니다. 예수님 안으로 들어와야 합니다. 진정한 회개입니다.

성령님의 인도를 받아야 합니다. 마귀는 우는 사자처럼 우리를 넘어뜨리려 합니다. 말씀과 기도로 깨어있지 않으면 죄 속에서 살게 됩니다.

49 · 예수님과 연합

6장 5절

우리가 그의 죽으심과 같은 모양으로 연합한 자가 되었으면
또한 그의 부활과 같은 모양으로 연합한 자가 되리라
If we have been united with him like this in his death,
we will certainly also be united with him in his resurrection.

내가 예수님처럼 십자가에 죽을 수 있을까? 예수님처럼 부활할 수 있을까? 네. 예수님과 하나가 되면 됩니다.

어떻게 예수님과 하나가 될까요? 예수님께서 나를 살려주신 나의 구주라고 믿을 때 예수님과 하나가 됩니다.

예수님께서 나에게 가장 귀할 때 예수님과 하나가 됩니다. 오직 믿음으로만 하나가 됩니다. 진정한 회개입니다.

죄에 대해 죽는 십자가가 없으면 부활은 없습니다. 예수님을 구주로 믿어야 죄 용서가 있고 죄를 용서 받아야 죽음에서 다시 살아나게 됩니다.

죄 용서 없는 부활은 없습니다.

50 · 옛사람은 십자가에

ROMANS

6장 6절

우리가 알거니와 우리의 옛사람이 예수와 함께 십자가에 못 박힌 것은 죄의 몸이 죽어 다시는 우리가 죄에게 종노릇 하지 아니하려 함이니

For we know that our old self was crucified with him so that the body of sin might be done away with, that we should no longer be slaves to sin-

십자가에 못 박히면 죽습니다. 살 수가 없습니다. 예수님께서 십자가에 못 박힐 때 죄는 죽었습니다. 죽음으로 죄 값을 갚았기 때문입니다. 죄는 더 이상 왕이 아닙니다.

십자가 없는 죄 용서는 없습니다. 어떻게 내가 예수님과 함께 십자가에 죽을 수 있습니까? 오직 믿음으로. 고행이 아닙니다. 예수님을 나의 구주로 영접할 때 왕으로 섬길 때입니다. 예수님보다 더 귀한 우상이 없을 때입니다. 사람은 누가 예수님을 왕으로 섬기는지 모르지만 예수님은 아십니다.

믿음으로 죄 용서 받으면 죄에 대해 죽은 사람이 됩니다. 더 이상 죄의 종이 아닙니다.

보라 이전 것은 지나갔으니 새로운 피조물이라.

51 · 죽으면 살리라

ROMANS

6장 8절

만일 우리가 그리스도와 함께 죽었으면
또한 그와 함께 살 줄을 믿노니
Now if we died with Christ, we believe
that we will also live with him.

그리스도와 함께 죽는 게 무슨 말인가?

쉽게 말해서 죄를 짓지 않는 삶입니다. 예수님과 하나가 된 삶입니다. 이전에는 세상을 따라 살았지만 지금은 예수님을 따라 살아갑니다. 더 이상 세상 말을 듣는 게 아니라 예수님의 말씀에 순종합니다. 회개한 삶입니다.

십자가는 죄 짓는 내가 예수님과 함께 죽는 회개의 자리입니다. 부활은 반드시 십자가가 있어야 일어납니다. 회개없는 죄 용서는 없고 죄 용서없는 부활은 없습니다. 부활은 완전한 죄 용서입니다. 죄가 있으면 죽고 없으면 살아납니다. 아간처럼 시날 산의 코트 금과 은을 감추어두면 부활은 없습니다.

만일 우리가 우리의 죄를 자백하면 그는 미쁘시고 의로우사 우리 죄를 사하시며 우리를 모든 불의에서 깨끗하게 하실 것이요.

성령님, 우리 속에 회개하는 마음을 주옵소서.

52 · 부활

6장 10절

그가 죽으심은 죄에 대하여 단번에 죽으심이요
그가 살아 계심은 하나님께 대하여 살아 계심이니
The death he died, he died to sin once for all :
but the life he lives, he lives to God.

죄 있으면 죽고 없으면 삽니다. 예수님은 그리스도 하나님의 아들. 죄가 없습니다. 예수님도 우리의 모든 죄를 짊어지시고 십자가에 달리셨을 때 죽었습니다.

내 죄 때문에 죽었지만 예수님은 살아나셨습니다. 무슨 말인가요? 예수님은 죄 없는 하나님의 아들입니다. 만일 예수님께서 죄가 있다면 부활은 없습니다. 죄 있는 사람은 죽으면 다시 살아날 수 없습니다. 그리스도는 아무나 되는 게 아닙니다. 예수님처럼 죄 없는 하나님의 아들만이 될 수 있습니다. 부활은 죄 없는 증거입니다.

예수님의 부활은 무엇을 말씀하시나요? 하나님께서 세상의 모든 죄를 용서하신 증거입니다. 죄 용서가 없었다면 예수님은 부활할 수 없었습니다. 예수님의 부활은 나의 모든 죄도 용서받은 확신을 주십니다. 이제는 아버지 보좌 앞에 나갈 수 있게 되었습니다.

할렐루야.

53 · 살아있는 사람

6장 11절

이와 같이 너희도 너희 자신을 죄에 대하여는 죽은 자여
그리스도 예수 안에서 하나님께 대하여는 살아 있는 자로 여길지어다
In the same way,count yourselves dead
to sin but alive to God in Christ Jesus.

예수님을 구주로 믿는 나는 누구인가요?
죄 용서받은 하나님의 자녀입니다. 부활의 열매입니다.

하나님을 아버지라 부를 수 있습니다. 산 사람입니다.

산 사람과 죽은 사람의 차이는 무엇인가요?
산 사람에게는 세상이 줄 수 없는 평강이 있습니다. 예수님은 세상이 줄 수 없는 평안을 주십니다. 산 사람은 예수님을 닮기 때문입니다. 예수님의 사랑을 닮기 때문에 평안 속에 살 수 있습니다.

이제 더 이상 죄의 종이 아닙니다. 죄와는 끝났습니다.
항상 성령으로 충만해서 말씀과 기도로 깨어있어야 합니다. 성령의 도움 없이는 죄를 이길 수 없습니다.

54 · 죄와의 싸움

ROMANS

6장 12절

그러므로 너희는 죄가 너희 죽을 몸을
지배하지 못하게 하여 몸의 사욕에 순종하지 말고
Therefore do not let sin reign in
your mortal body so that you obey its evil desires.

예수님을 믿는다는 것은 죄와 헤어지는 삶입니다. 죄의 값은 죽음입니다. 영원한 멸망입니다. 멸망은 절망 미움 살인 시기 불안.... 하나님을 영원히 만날 수 없는 저주입니다.

예수님은 죄에서 우리를 구원하시려고 오셨습니다. 죄는 세균 바이러스와 같이 내 안에 침투하여 자기세력을 확대합니다.

방치해서는 안 됩니다. 반드시 제거해야 합니다.

죄는 예수님의 이름으로만 이길 수 있습니다. 죄를 이기려면 자기 수양으로는 절대 안 됩니다.

성령으로 충만해야 합니다. 쉬지 말고 기도하라. 회개하라. 죄를 이기는 길입니다.

55 · 죄 용서(1)

6장 14절

죄가 너희를 주장하지 못하리니 이는 너희가
법 아래에 있지 아니하고 은혜 아래에 있음이라
For sin shall not be your master,
because you are not under law, but under grace.

내 죄 값은 예수님께서 대신 갚아주셨습니다. 예수님의 죄 용서로 죄와는 끝났습니다. 죄에 대해 죽었습니다.

죄만 없으면 법은 무섭지 않습니다. 세상 사람들이 무서워하는 이유는 죄 때문입니다.

예수님의 죄 용서만이 모든 두려움을 물리칩니다.

예수님이 내 죄를 대신해 죽으신 그리스도이신 것을 믿으십니까? 믿는 자에게는 죄 용서를 주셔서 더 이상 법이 무섭지 않게 하여주십니다.

이제 그리스도 예수 안에 있는 자에게는 결코 정죄함이 없나니. 꼭 기억하십시오.

56 · 죄 짓기

6장 15절

그런즉 어찌하리요 우리가 법 아래에 있지 아니하고 은혜 아래에 있으니
죄를 지으리요 그럴 수 없느니라
What then? Shall we sin because we are not under
law but under grace? By no means!

예수님의 죄 용서를 남용해서는 안 됩니다. 언제든지 죄 용서가 있다며 죄를 마음대로 지으면 예수님을 그리스도로 믿는 게 아닙니다. 이런 사람은 죄 용서도 없습니다.

믿음은 은혜를 잊지 않고, 감사하며 순종합니다.

예수님께서 어떻게 나를 구원하셨는지 생각한다면 그렇게 쉽게 또 죄를 지을 수 없지요.

은혜아래 있어도 말씀을 가장 귀하게 믿고 순종하는 사람이 예수님을 믿는 사람입니다.

57 · 죄에서 의로

6장 18절

죄로부터 해방되어 의에게 종이 되었느니라
You have been set free from sin and
have become slaves to righteousness.

예수님을 그리스도로 믿어서 받은 복이 무엇입니까? 죄 용서입니다.

죄 용서는 세상이 줄 수 없는 평안입니다. 하나님을 만날 수 있고 아버지라 부를 수 있는 특권입니다.

죄의 값은 영원한 지옥입니다. 죄에서 풀려나는 것보다 더 큰 선물은 없습니다. 죄만 없으면 두렵지 않습니다. 죄 용서는 예수님만이 주십니다. 자기수양으로 되지 않습니다.

주님께서 마음에 말씀하시는 죄가 있다면 짓지 마십시오. 이제는 말씀에 순종해야 합니다.

성령의 힘으로 죄를 이기는 게 믿음입니다. 평안은 말씀에 순종할 때 옵니다.

58 · 믿음이 있다면

6장 19절

전에 너희가 너희 지체를 부정과 불법에 내주어 불법에 이른 것 같이
이제는 너희 지체를 의에게 종으로 내주어 거룩함에 이르라

Just as you used to offer the parts of your body in slavery to impurity and to ever- increasing wickedness, so now offer them in slavery to righteousness leading to holiness

믿음은 눈에 안보이지만 열매인 순종은 보입니다. 예수님을 구주로 믿는다면서 그 말씀에 순종하지 않는다면 믿음이 아닙니다.

나를 살리시려 십자가에 못 박혀 죽으신 예수님을 생각한다면 그 말씀에 순종할 수밖에 없습니다.

예수님은 내가 너를 사랑한 것처럼 너도 서로 사랑하라고 말씀하셨습니다. 서로 사랑해야 합니다. 세상 사람들에게 빛과 소금은 사랑입니다.

사랑할 때 제자이고 의의 종이고, 거룩한 하나님 자녀입니다. 사랑하지 않는다면 믿음 없는 세상 사람과 다를 게 없습니다. 최고의 사랑은 예수님 전도입니다.

59 · 죄와 죽음

6장 21절

이제는 너희가 그 일을 부끄러워하나니 이는 그 마지막이 사망임이라
What benefit did you reap at that time from the things you are now ashamed of? Those things result in death!

예수님을 믿기 전과 지금 어떤 차이가 있으세요? 전에는 죄를 지어도 부끄럽지가 않았습니다. 오히려 자랑했습니다.
지금은 다릅니다. 성령께서 오시니까 죄가 부끄럽습니다. 죄가 무서워졌습니다. 몸에 맞지 않는 옷 같습니다.

죄는 그냥 없어지지 않습니다. 반드시 그 값을 치릅니다. 반드시 죽습니다. 영원한 지옥입니다.

특히 성적으로 타락한 죄를 짓고 있다면 지금 회개하십시오. 남편을 속이고 부인을 속이는 음란은 그냥 넘어가지 않습니다. 마지막은 소돔과 고모라의 멸망입니다.
힘이 있다고 힘없는 사람들을 울리지 마십시오. 손에 피를 묻히면 하나님은 외면하십니다. 아간처럼 아나니아 삽비라처럼 죽습니다.
두 주인을 섬길 수는 없습니다.

60 · 영생

6장 22절

그러나 이제는 너희가 죄로부터 해방되고 하나님께 종이 되어
거룩함에 이르는 열매를 맺었으니 그 마지막은 영생이라
But now that you have been set free from sin and have become slaves to God,
the benefit you reap leads to holiness, and the result is eternal life.

마지막은 죄와 심판입니다.

세상은 학력 돈 출세 등에 관심이 많지만 하나님은 얼마나 깨끗하냐가 관심입니다. 왜 예수님만을 꼭 믿어야할까요?
예수님만이 죄에서 구원하시는 그리스도 하나님의 아들이기 때문입니다. 예수님은 죄에서 자유하게 하십니다. 예수님의 십자가 보혈은 죄를 씻는 능력이 있습니다.

누구든지 예수님을 믿으면 이 은혜를 받습니다. 구원받은 하나님의 자녀는 은혜를 감사하고 말씀에 순종합니다. 성령님의 도움 속에 하루하루 예수님의 사랑을 닮아갑니다. 세상에서 살지만 세상을 닮지 않고 예수님을 닮는 거룩함이 있습니다. 이 땅에서부터 천국이 시작됩니다.

61 · 공의와 사랑

6장 23절

죄의 삯은 사망이요 하나님의 은사는
그리스도 예수 우리 주 안에 있는 영생이니라
For the wages of sin is death, but the gift of
God is eternal life in Christ Jesus our Lord.

하나님은 공의와 사랑이십니다.

공의는 죄를 반드시 벌하십니다. 죄를 눈감아 주는게 공의와 정의가 아닙니다. 하나님은 내 죄를 해결하려고 사람으로 이 땅에 오셔서 희생양으로 피 흘려 죽었습니다.
철저하십니다. 죄를 지으면 반드시 죽어야하는 법이 하나님의 의입니다.

하나님께서 나를 대신하여 죄 값을 받으셨습니다. 누구든지 이 은혜를 믿고 감사하면 죄를 용서해주시고 영생을 주십니다.

영생은 하나님과 하나가 된 생입니다. 썩지 않는 강한 영광스런 신령한 생입니다. 그리스도이신 예수님 안에서 주시는 하나님의 사랑입니다. 하나님은 공의와 사랑이십니다.

62 · 십자가와 율법

7장 4절

그러므로 내 형제들아 너희도 그리스도의 몸으로
말미암아 율법에 대하여 죽임을 당하였으니
So, my brothers, you also died to the law through the body of Christ,
that you might belong to another, to him who was raised from the dead,
in order that we might bear fruit to God

예수님께서 십자가에 죽으실 때 죄 값을 다 받으셨기 때문에 더 이상 죄는 힘이 없습니다.

죄는 끝났습니다. 죄가 있을 때는 율법 앞에 꼼짝을 못했습니다.

지금은 아닙니다. 예수님 십자가 은혜로 죄 용서 받은 의인입니다.
하나님 자녀입니다.
법이 무서울까요? 아닙니다. 더 이상 율법이 무섭지 않습니다.

이제는 담대하게 아버지 보좌 앞에 나갈 수 있습니다.

예수님의 은혜입니다.

63 · 죄와 순종

7장 5절

우리가 육신에 있을 때에는 율법으로 말미암는 죄의 정욕이 우리 지체 중에 역사하여 우리로 사망을 위하여 열매를 맺게 하였더니

For when we were controlled by the sinful nature, the sinful passions aroused by the law were at work in our bodies, so that we bore fruit for death.

율법을 주신 하나님의 은혜에 감사드립니다.

율법이 없다면 죄가 무엇인지 모릅니다. 죄를 계속해서 지으며 살겠지요. 율법은 죄를 알려줍니다.

죽는 길로 가지 말라고 알려주는 신호등입니다.

율법 앞에 서면 내가 무슨 짓을 하고 있는지 알 수 있습니다. 율법을 보며 죄를 지어서는 안 된다고 생각하지만 성령 안에 있지 않으면 율법이 죄라고 가르쳐 주어도 죽는 길로 갑니다.

율법만으로 죄를 이길 수는 없습니다.

성령으로 충만하여야 죄를 이길 수 있습니다. 말씀에 순종할 수 있습니다.

64 · 율법에서 벗어나

7장 6절

이제는 우리가 얽매였던 것에 대하여 죽었으므로 율법에서 벗어났으니 이러므로 우리가 영의 새로운 것으로 섬길 것이요 율법 조문의 묵은 것으로 아니할지니라

But now, by dying to what once bound us, we have been released from the law so that we serve in the new way of the Spirit, and not in the old way of the written code.

사람은 스스로 율법을 벗어날 수 없습니다. 율법대로 못살기 때문입니다. 누구든지 예수님을 믿어 은혜로 죄를 용서받아야만 율법 앞에 설 수 있습니다. 율법에서 벗어날 수 있습니다.

예수님은 십자가에서 율법의 명령을 다 이루었습니다. 십자가에는 온 마음을 다하여 하나님을 사랑하고 이웃을 사랑하라고 하신 율법의 완벽한 순종이 있습니다. 이제는 율법을 다 지키신 예수님만 바라보고 나가면 됩니다. 예수님에게 집중할 때입니다.

온 마음을 다해 하나님을 사랑하고 이웃을 내 몸처럼 사랑하라는 예수님 말씀에 순종할 때 그 안에 모든 율법이 있습니다. 율법은 우리를 예수님에게 인도하는 좋은 선생님입니다.

65 · 죄와 율법

ROMANS

7장 8절

그러나 죄가 기회를 타서 계명으로 말미암아 내 속에서 온갖 탐심을 이루었나니 이는 율법이 없으면 죄가 죽은 것임이라

but sin, seizing the opportunity afforded by the commandment, produced in me every kind of covetous desire. for apart from law, sin is dead.

율법은 죄의 방어벽입니다. 또한 죄를 보여주는 거울입니다. 율법에서 하지마라고 하는데 죄는 하라고 유혹합니다. 율법은 하라고 하는데 죄는 하지마라고 유혹합니다.

언제나 죄와 율법은 반대로 갑니다. 율법이 없다면 죄를 짓는지도 모릅니다. 율법을 보면 내가 죄인입니다.

어떻게 율법 앞에서 의인이 될 수 있나요? 예수님을 구주로 믿으면 죄 용서 받아 율법 앞에서도 의인이 될 수 있습니다. 율법이 지적할 죄가 없습니다.

오직 믿음으로 의롭게 될 수 있습니다.

66 · 율법(4)

ROMANS

7장 10절

생명에 이르게 할 그 계명이 내게 대하여
도리어 사망에 이르게 하는 것이 되었도다
I found that the very commandment that
was intended to bring life actually brought death

하나님께서 우리를 벌주시려고 율법을 주셨을까요? 그럴 수 없습니다. 율법이 나를 죽이는 것은 절대 아닙니다.

의롭게 되는 길을 알려주시려고 주신 율법인데 지키지 못해서 죽게 되었습니다.

사람은 율법을 지켜서 의롭게 될 수 없습니다. 율법은 내가 죄인이고 그리스도 없이는 의롭게 될 수 없다는 것을 알게 합니다.

그리스도께서 오셔야 죄에서 해방될 수 있기 때문입니다.

누구든지 그리스도의 죄 용서 없이는 의롭게 될 수 없습니다. 그리스도의 구원이 없으면 의인이 될 수 없습니다.

67 · 죄에 속아서

7장 11절

죄가 기회를 타서 계명으로 말미암아
나를 속이고 그것으로 나를 죽였는지라
for sin, seizing the opportunity afforded by the commandment,
deceived me, and through the commandment put me to death.

죄는 나를 속여서 죽이는 게 목적입니다. 죄가 나에게 말합니다.

- 율법에 신경 쓰지 마. 괜찮아 무슨 짓을 해도 괜찮아. 안 죽어. 네 멋대로 사는 거야. 네가 왕이야.

나는 죄가 하자는 대로 했습니다. 그 말을 들어서는 안 되었는데 속았습니다.

어느 날 죄가 정색을 하고 율법을 펼치며, 너는 죄를 지었으니 죽어야한다고 고소를 합니다.

꼼짝없이 죽게 생겼습니다.
할 말이 없습니다. 큰 일 났습니다.

68 · 죄의 종(1)

7장 14절

우리가 율법은 신령한 줄 알거니와
나는 육신에 속하여 죄 아래에 팔렸도다
We know that the law is spiritual :
but I am unspiritual, sold as a slave to sin.

율법은 하나님의 말씀이기에 말씀에 순종하며 살아야합니다. 말씀대로 살지 못했습니다.

죄에게 져서 죄를 지은 죄인입니다.

하나님을 사랑하지 않고 나를 사랑하며 살았습니다. 예수님의 말씀보다 내 말을 듣고 살았습니다.
내가 왕이고 내 멋대로 살았습니다.
이웃을 사랑하며 살지 않고, 자신밖에 모른 채 살았습니다.

어느 새 죄의 노예가 되었습니다.
지금도 계속해서 죄를 짓습니다. 이것이 예수님 없는 내 모습입니다.

69 · 성령

7장 18절

내 속 내 육신에 선한 것이 거하지 아니하는 줄을 아노니
원함은 내게 있으나 선을 행하는 것은 없노라
I know that nothing good lives in me, that is, in my sinful nature.
For I have the desire to do what is good, but I cannot carry it out.

예수님은 제자들에게 성령을 받으라고 말씀하셨습니다. 제자들을 아시기 때문입니다.
삼년을 같이 먹고 자고 함께 다녀도 예수님을 버리고 떠나는 게 제자들이었습니다.

예수님에 대한 믿음은 시작부터 끝까지 모두가 성령의 역사입니다. 성령 없는 나는 죄 밖에 짓는 게 없고 예수님을 믿을 수가 없습니다. 예수님에 대한 지식은 있을지 몰라도 내 구주가 될 수 없습니다.

성령께서 오셔야 진리를 알게 하시고, 말씀에 순종할 수 있는 힘을 주십니다.

70 · 죄의 종(2)

7장 20절

만일 내가 원하지 아니하는 그것을 하면 이를 행하는 자는
내가 아니요 내 속에 거하는 죄니라
Now if I do what I do not want to do, it is no longer
I who do it, but it is sin living in me that does it.

종은 자기 마음대로 할 수 없습니다. 주인이 시키면 싫어도 해야 합니다.

예수님께서 내 주인이 아니면 내 주인은 죄입니다. 죄는 악합니다. 죄의 아비는 마귀입니다.

죄는 내가 싫어해도 상관하지 않습니다. 계속해서 자기 명령을 들으라고 괴롭힙니다.
내 힘으로는 죄를 이길 수가 없습니다. 죄짓는 나를 아무리 야단쳐도 소용이 없습니다. 죄가 내 속에 주인이기 때문입니다.

내 안에 예수님을 영접해야 죄를 이길 수 있습니다. 죄를 용서받기 때문입니다. 예수님께서 내 주인이 되시면 성령의 열매가 열리게 됩니다. 열매를 보면 어떤 나무인지 알 수 있습니다.

71 · 선과 악

7장 21절

그러므로 내가 한 법을 깨달았노니 곧 선을
행하기 원하는 나에게 악이 함께 있는 것이로다
So I find this law at work :
When I want to do good, evil is right there with me.

악이 내 속에 있다는 것을 잊으면 안 됩니다. 죄가 나보다 훨씬 힘이 세다는 것을 알아야합니다. 원하지 않는 죄를 짓는 이유입니다.

악을 이기는 것은 오직 예수님께서 보내주신 성령 뿐입니다.

내 결심과 의지로는 악을 이길 수 없습니다. 성령을 받으라. 예수님의 유언입니다. 제자들처럼 우리도 성령 받아야 죄를 이기고 선을 행할 수 있습니다.

성령으로 세례를 받아야 죄와 싸울 때, 악한 영들을 물리칠 수 있습니다.

성령 충만은 옵션이 아닙니다. 절대 필수입니다. 성령 충만하면 하나님의 자녀이고, 아니면 겉으로는 멀쩡한 것 같아도 별 수 없는 죄의 종입니다. 누구나 죄의 종 하나님 자녀 둘 중의 하나입니다.

72 · 누가 나를 건져내랴

7장 24절

오호라 나는 곤고한 사람이로다 이 사망의
몸에서 누가 나를 건져내랴
What a wretched man I am! Who will
rescue me from this body of death?

죄에서 벗어나고 싶어도 힘이 없는 나

이대로 굴러가면 영원한 지옥 인데
도를 닦아도 소용없고 수양을 해도 이길 수 없구나

내가 나를 구원할 수 없으니
나는 내 것이 아니구나

애원하며 살려 달라 소리쳐 보아도
세상은 얼음처럼 차갑고
죽음은 넘실넘실
가까이 오고 있네

73 · 오직 예수

7장 25절

우리 주 예수 그리스도로 말미암아 하나님께 감사하리도다 그런즉 내 자신이 마음으로는 하나님의 법을 육신으로는 죄의 법을 섬기노라

Thanks be to God- through Jesus Christ our Lord! So then, I myself in my mind am a slave to Gods law, but in the sinful nature a slave to the law of sin.

나는 죄인입니다. 하나님의 법대로 살려하지만 죄를 짓습니다.

어떻게 죄를 이기며 법대로 살 수 있을까요? 죄의 노예에서 풀려나는 길은 예수님 안에 있어야 합니다. 죄를 계속 지을 생각이 십자가에 죽는 회개가 있어야 합니다.

회개하면 성령께서 오시고 죄를 이길 수 있는 힘을 주십니다. 항상 성령님께 기도하고 한 순간 한 순간 말씀으로 무장할 때 죄를 이길 수 있습니다. 예수님 가신 길을 따라가는데 왕도는 없습니다.

예수님을 닮는 길은 한 걸음 한 걸음 성령 충만 입니다. 잘 났다고 자기 자랑하면 순간에 죄인으로 바뀝니다. 직분도 교회 다닌 시간도 자랑할거리가 아닙니다.

오직 예수. 그리스도 예수만이 죄에서 나를 구원하십니다.

우리 구주 예수 그리스도에게 영원히 감사와 찬양을 드립니다.

74 · 죄 용서(2)

8장 1절

그러므로 이제 그리스도 예수 안에 있는 자에게는
결코 정죄함이 없나니
Therefore, there is now no condemnation
for those who are in Christ Jesus.

예수님 안에 있는 사람은 어떤 사람인가요?

예수님 밖에 모르는 사람.

자기 마음대로 살 수 없는 사람.

예수님께서 나를 살려주시려고 십자가에서 당하신 고난을 항상 감사드리는 사람.

살려주신 은혜가 감사해서 늘 순종하는 사람.

누가 예수님 안에 있는지 예수님만이 아십니다.

죄 용서는 예수님 안에 있는 사람만이 받는 복입니다.

복 있는 사람은 예수님 안에 있는 사람입니다.

75 · 성령의 힘

8장 2절

이는 그리스도 예수 안에 있는 생명의 성령의 법이
죄와 사망의 법에서 너를 해방하였음이라
because through Christ Jesus the law of the Spirit
of life set me free from the law sin and death.

성령 충만해야 죄를 이깁니다. 죄는 빛이요 생명이신 성령님을 이길 수 없습니다.
죄가 아무리 힘이 있어도 성령께서 나타나시면 어둠이 빛을 이길 수 없듯이 사라집니다.

예수님 안에 있으면 성령의 힘으로 살아갑니다. 태아가 산모로부터 모든 영양분을 공급 받듯이 성령께서 능력을 주십니다.
성령께서 죄를 이길 수 있는 힘을 주십니다.

예수님 안에는 죄가 있을 수 없습니다.

아무리 더러워도 예수님 안으로 들어오면 죄 용서 받아 해방의 기쁨을 누릴 수 있습니다.

76 · 예수 그리스도(2)

8장 3절

율법이 육신으로 말미암아 연약하여 할 수 없는 그것을 하나님은 하시나니 곧 죄로 말미암아 자기 아들을 죄 있는 육신의 모양으로 보내어 육신에 죄를 정하사

For what the law was powerless to do in that it was weakened by the sinful nature, God did by sending his own Son in the likeness of sinful man to be a sin offering. And so he condemned sin in sinful man.

사람은 율법대로 못살지만 하나님은 율법대로 사십니다. 사람은 자기가 말한대로 못살지만 하나님은 말씀하신대로 사십니다.

하나님은 율법대로 살지 못하는 나를 살리려 이 땅에 오셨습니다. 예수님은 내 죄 값을 갚아주시려고 대신 십자가를 지셨습니다.

예수님 안에 있으면 나도 예수님처럼 되며 예수님께서 받으시는 대우를 받습니다.

율법대로 살지 못한 죄 값은 멸망이지만 예수님 안에는 죄 용서와 영생이 있습니다. 세상에 없는 평안이 그 안에 있습니다.

77 · 성령 충만

ROMANS

8장 4절

육신을 따르지 않고 그 영을 따라 행하는
우리에게 율법의 요구가 이루어지게 하려 하심이니라

in order that the righteous requirements of the law might be fully met in us, who do not live according to the sinful nature but according to the Spirit.

예수님을 믿겠다는 것은 이제 더 이상 내 마음대로 살지 않겠다는 항복입니다.

예수님의 영이신 성령으로 사는 것입니다. 십자가의 은혜를 감사하며 예수님에게 순종하는 삶이지요. 예수님만이 내 죄 값을 갚아주기 위해 십자가에 죽으셨습니다. 이것 하나만으로도 예수님보다 귀한 것은 없습니다.

예수님만이 죄 용서와 말씀에 순종할 수 있는 능력을 주십니다. 율법은 내 대신 벌 받고 용서해주는 은혜가 없습니다. 신호등처럼 죄를 알려줄 뿐입니다.

성령 충만해야 율법대로 살 수 있습니다. 성령님은 말씀에 순종하게 하시고 죄를 이길 수 있는 힘을 주시기 때문입니다.

78 · 영과 육

8장 6절

육신의 생각은 사망이요
영의 생각은 생명과 평안이니라
The mind of sinful man is death,
but the mind controlled by the Spirit is life and peace :

여기서 육신은 우리 몸이 아니라 죄입니다. 하나님 말씀이 하라하면 하지 않고 하지 말라 하면 하는게 죄입니다.

죄는 하나님과 원수입니다. 하나님의 말씀을 듣지 않고 내 생각대로 삽니다. 죄 뒤에는 마귀가 있습니다. 당연히 죄를 지으면 절망 불안 허무한 지옥입니다.

이 땅에 사는 동안 우리는 날마다 영과 육이 싸움을 합니다. 성령 충만해야 죄를 이길 수 있습니다. 마귀는 성령님께서 오셔야 떠나 갑니다.

성령님은 말씀에 순종하게 하십니다. 성령을 따라 살면 평안이 넘칩니다. 죄는 불안 성령님은 평안을 주십니다.

79 · 죄의 값

8장 7절

육신의 생각은 하나님과 원수가 되나니 이는 하나님의 법에
굴복하지 아니할 뿐 아니라 할 수도 없음이라

the sinful mind is hostile to God. It does not
submit to Gods law, nor can it do so.

지금 내 생각은 육신의 생각인가 아니면 성령의 생각인가? 마음에 평안이 없다면 육신의 생각입니다. 죄입니다.

성령의 생각은 평안입니다. 죄는 하나님과 원수입니다. 죄는 하나님의 말씀에 반항합니다.

그래서는 평안할 수가 없습니다. 아담과 하와, 가인의 모습입니다.

복 있는 사람은 죄를 멀리하고 하나님 말씀을 가까이 합니다.

성령은 하나님 말씀에 순종하게 하십니다.
순종할 때 평안이 있습니다.

80 · 그리스도의 사람

ROMANS

8장 9절

만일 너희 속에 하나님의 영이 거하시면 너희가 육신에 있지 아니하고 영에 있나니 누구든지 그리스도의 영이 없으면 그리스도의 사람이 아니라

You, however, are controlled not by the sinful nature but by the Spirit, if the Spirit of God lives in you. And if anyone does not have the Spirit of Christ, he does not belong to Christ.

누가 그리스도의 사람입니까? 누가 죄를 이길 수 있습니까? 성령으로 충만하고 성령으로 살아야 죄를 이길 수 있고 그리스도인입니다. 성령님을 모시지 않으면 죄를 짓습니다. 그리스도의 사람이 될 수 없습니다. 육신의 사람이 되고 맙니다.

그리스도의 사람은 예수님을 닮습니다. 자기 마음대로 사는게 아니라 예수님 말씀을 듣고 따르는 삶입니다. 성령님은 예수님 말씀을 순종하게 하십니다. 성령님이 안 계시면 가인처럼 계속 죄 속에서 살게 됩니다. 그리스도인이 될 수 없습니다. 오직 성령님께서 내 안에 계셔야 그리스도의 사람입니다.

성령은 예수님의 말씀입니다. 말씀이 예수님의 영, 성령입니다.

81 · 죄와 죽음

8장 10절

또 그리스도께서 너희 안에 계시면 몸은 죄로 말미암아
죽은 것이나 영은 의로 말미암아 살아 있는 것이니라
But if Christ is in you, your body is dead because of sin,
yet your spirit is alive because of righteousness.

왜 죽어야할까요? 죽는 이유는 죄 때문입니다. 하나님은 아담에게 너는 흙이니 흙으로 돌아가라고 하셨습니다. 더 이상 세포의 핵이 단백질 합성을 못하는 때가옵니다. 사람은 다 죽습니다. 예수님도 십자가에서 우리 죄를 지셨을 때 죽었습니다. 예수님은 하나님 아들 그리스도입니다. 죄인이 아닙니다. 원래 죽을 수가 없습니다. 그러니까 장사 된지 삼일 만에 다시 살아나셨습니다. 죄가 없다는 증거입니다.

죄 있는 사람은 살아날 수 없습니다. 또한 예수님은 자신이 짊어지신 세상 모든 죄를 다 용서하셨기에 살아나셨습니다. 용서가 없다면 죄 때문에 부활하실 수 없습니다.

예수님의 부활은 죄에서 세상을 구원하신 증거입니다. 예수님께서 내 안에 계시면 나도 예수님처럼 바뀝니다. 영과 육 모두 죄 용서받아 의롭기에 다시 살아납니다.

82 · 부활

8장 11절

그의 영으로 말미암아 너희 죽을 몸도 살리시리라
he who raised Christ from the dead will also
give life to your mortal bodies through his Spirit, who lives in you.

천국에서 우리는 어떤 모습일까요? 몸이 없이 영만 있나요? 아닙니다. 예수님은 사람처럼 죽으셨지만 하나님처럼 살아나셨습니다.

예수님 닮은 우리도 예수님처럼 다시 살아납니다. 썩지 않고 강하고 영광스럽고 신령한 몸으로 살아날 것을 믿습니다.

옛날처럼 아프고 약하고 늙는 몸이 아닙니다. 부활하신 예수님 몸처럼 우리 몸도 눈부시겠지요.

이 세상에서 화장을 하던 매장을 하던 그리스도인은 예수님처럼 신령한 몸으로 다시 살아납니다.

사랑하는 사람과 지금은 이별했지만 잠시 후 다 같이 만나 영원히 같이 살게 됩니다. 너무 기다려집니다.
가족전도에 있는 힘을 다합시다.

83 · 죄와 성령

8장 13절

너희가 육신대로 살면 반드시 죽을 것이로되
영으로써 몸의 행실을 죽이면 살리니

For if you live according to the sinful nature, you will die :
but if by the Spirit you put to death the misdeeds of the body, you will live,

죄 때문에 죽습니다. 죄를 이길 수 있는 힘은 오직 성령님 뿐입니다. 사람의 어떤 결심도 죄를 이길 수 없습니다.

성령님께 기도할 때 죄를 이길 힘을 주십니다. 기도 없이는 죄에게 백전백패입니다. 기도밖에 없습니다.

성령님께 죄를 이길 힘을 달라고 기도해야합니다.
쉬지 말고 기도하라. 마귀는 우는 사자처럼 내 곁을 돌고 있습니다.

오직 기도만이 죄를 이기는 무기입니다.

84 · 성령의 인도

8장 14절

무릇 하나님의 영으로 인도함을 받는 사람은
곧 하나님의 아들이라
because those who are led by the
Spirit of God are sons of God.

하나님은 영이십니다. 성령이십니다. 성령의 인도함을 받아야 하나님의 아들입니다. 아들은 아버지를 닮습니다.

성령께서 항상 함께 하십니다.

나무는 열매를 보면 알 수 있습니다. 성령께서 인도하시면 성령의 열매가 열립니다. 하나님을 닮아갑니다.

사랑할 줄 모르던 사람이 사랑하는 사람으로 달라집니다.

아브라함 이삭 야곱처럼 순종합니다. 무슨 일을 만나든지 감사합니다. 나는 하나님의 아들인가요? 나에게는 성령의 열매가 열리고 있나요?

85 · 하나님 아버지

8장 15절

양자의 영을 받았으므로 우리가 아빠 아버지라고 부르짖느니라
but you received the Spirit of sonship.
And by him we cry, "Abba, Father."

성령은 하나님의 영입니다. 이 땅에 오신 예수님은 성령으로 잉태하셨습니다. 당연히 하나님의 아들이지요.

예수님은 하나님을 아버지라고 불렀습니다.

나도 예수님을 구주로 영접하면 성령을 받습니다. 하나님을 아버지라고 부를 수 있습니다.

우리도 예수님처럼 하나님을 아버지라고 부르려면 성령을 받아야 합니다.

아무나 하나님을 아버지라고 부를 수 없습니다. 하나님을 아버지라고 부른다면 내 안에 성령께서 계신 증거입니다.

86 · 아버지와 아들

8장 17절

그리스도와 함께 한 상속자니 우리가 그와 함께 영광을
받기 위하여 고난도 함께 받아야 할 것이니라

Now if we are children, then we are heirs- heirs of God
and co-heirs with Christ, if indeed we share in his sufferings
in order that we may also share in his glory.

자녀는 부모 재산에 대한 상속권이 있습니다. 하나님 자녀 역시 하나님의 무한한 기업에 대해 상속권이 있습니다. 조건이 있습니다.

자녀는 아버지를 닮아야 합니다. 내가 거룩하니 너희도 거룩하라.

예수님은 아버지의 뜻대로 사셨습니다. 내 뜻대로 마시고 아버지 뜻대로 하시라고 기도했습니다.

기도하신대로 순종하셔서 십자가를 지셨습니다. 지금은 아버지와 함께 계십니다.

우리도 하나님의 자녀답게 성령으로 삽시다. 십자가 없는 영광은 없습니다. 두 주인을 섬기면 상속자가 될 수 없습니다.

87 · 죄에서 해방

8장 21절

그 바라는 것은 피조물도 썩어짐의 종 노릇 한데서 해방되어
하나님의 자녀들의 영광의 자유에 이르는 것이니라
that the creation itself will be liberated from its bondage to decay
and brought into the glorious freedom of the children of God

죄 때문에 내가 썩어가고 있다는 것을 생각해보셨습니까? 썩는 것은 생명을 잃어가는 과정입니다. 면역세포가 세균에게 지고 있다는 증상입니다.

썩는 곳에는 생명이 없기에 평안도 기쁨도 없습니다. 여기에서 벗어나지 못하면 죽음입니다.

무엇이 중요하다고 생각하십니까? 죄에서 해방입니다.

내 안에 예수님을 구주로 모시면 썩어가던 영혼이 살아납니다. 십자가 은혜에 감사하고 사랑할 때 새 사람이 됩니다.
예수님의 보혈로 씻어줄 때 상처가 치료되고 새 살이 돋아납니다.
죄의 종이 변해서 하나님의 자녀가 됩니다.

88 · 기도

8장 26절

이와 같이 성령도 우리의 연약함을 도우시나니 우리는 마땅히 기도할 바를 알지 못하나 오직 성령이 말할 수 없는 탄식으로 우리를 위하여 친히 간구하시느니라

In the same way, the Spirit helps us in our weakness.
We do not know what we ought to pray for, but the Spirit himself
intercedes for us with groans that words cannot express.

기도. 우리는 무엇을 기도해야 할지 모릅니다. 먼저 성령께 부탁해야 합니다. 저를 위해 기도해달라고.

성령은 나에게 필요한 것을 가장 잘 아십니다. 내가 무엇을 기도하여야 할지 정확하게 아시고 알려주십니다.

성령의 기도는 내 생각과 많이 다를 수 있습니다. 이 때 내 생각을 접고 성령께 순종하며 기도하십시오.
나의 부족한 것을 채워주십니다. 내가 구하지 않은 것까지 주십니다.

성령님 저를 위해 기도해주십시오.

89 · 만사형통

ROMANS

8장 28절

우리가 알거니와 하나님을 사랑하는 자 곧 그의 뜻대로 부르심을 입은 자들에게는 모든 것이 합력하여 선을 이루느니라

And we know that in all things God works for the good of those who love him, who have been called according to his purpose.

하나님의 뜻대로 부르심은 받은 자는 예수님을 그리스도 하나님 아들로 믿습니다. 당연히 독생자를 이 세상에 보내신 하나님을 사랑합니다.

하나님은 좋은 아버지. 자식이 생선을 달라는데 누가 뱀을 주고 계란을 달라는데 전갈을 주겠습니까? 세상에서도 아버지는 자기 자식에게 좋은 것을 주고 싶어 합니다.

지금은 힘들고 이해할 수 없지만 아버지는 내가 달라고 구하는 것보다 훨씬 더 좋은 것을 주십니다.

아버지는 가장 좋은 길로 인도하십니다. 믿고 기다립시다. 아버지의 뜻은 선입니다.

90 · 하나님의 사랑(2)

8장 30절

또 미리 정하신 그들을 또한 부르시고
의롭다 하시고 영화롭게 하셨느니라

And those he predestined, he also called :
those he called, he also justified : those he justified :
those he called, he also justified : those he justified, he also glorified.

어떻게 나는 예수님을 믿게 되었나요? AI에게 물어보아도 답은 하나님께서 나를 부르셨기 때문입니다. 내가 똑똑해서 하나님을 택한 게 아니라 하나님께서 나를 사랑하시기 때문입니다.

하나님은 나를 예수 믿게 하시려고 여러 모양으로 계속 부르셨습니다. 그 때는 몰랐지만 지금 생각하면 너무 감사합니다.

하나님께서 나를 지금까지 이렇게 지켜보고 계셨다니 정신이 번쩍 듭니다. 내가 이런 사람인가 놀랍습니다.

지금 내가 예수님을 믿고 있다는 게 너무 감사합니다. 나같은 죄인 부르시고 의롭게 하시고 영화롭게 하신 하나님 은혜에 감사드릴 뿐입니다.

91 · 하나님 사랑

8장 32절

**자기 아들을 아끼지 아니하시고 우리 모든 사람을 위하여 내주신 이가
어찌 그 아들과 함께 모든 것을 우리에게 주시지 아니하겠느냐**

He who did not spare his own Son, but gave him up for us all – how will
he not also, along with him, graciously give us all things?

하나님은 신실하십니다. 믿을 수 있습니다. 의심하고 불평하지 맙시다.

독생자를 아끼지 아니하시고 이 땅에 보내신 사랑. 내 죄를 다 지시고 십자가에 죽으신 사랑. 얼마나 나를 사랑하시면 이렇게까지.

조금만 힘들어도 나는 하나님께 불평했고 하나님을 의심했습니다.

나를 위해 아들도 아끼지 않고 주신 하나님께서 무엇인들 안주시겠습니까. 믿고 기다립시다.

감사하며 순종하며 기다립시다. 그 날이 오고 있습니다.

92 · 예수님 부활

8장 34절

누가 정죄하리요 죽으실 뿐 아니라 다시 살아나신 이는 그리스도 예수시니 그는 하나님 우편에 계신 자요 우리를 위하여 간구하시는 자시니라

Who is he that condemns? Christ Jesus, who died– more than that, who was raised to life– is at the right hand of God and is also interceding for us.

예수님께서 다시 살아나지 못했다면 하나님의 아들 그리스도가 아닙니다. 내 죄는 여전히 남아있지요. 부활은 하나님에게만 있습니다. 죄인에게는 없습니다. 부활이 없다면 어찌 구세주라 할 수 있습니까.

예수님은 죄 없는 하나님이시고 세상 모든 죄를 용서하셨기에 죽음 속에 있을 수가 없습니다. 예수님의 부활은 내 모든 죄를 용서하신 사랑의 증거입니다. 부활하신 예수님 피는 나의 모든 죄를 깨끗하게 하시는 능력이 있습니다.

하나님의 자녀는 그 보혈로 죄 씻음 받았기에 마귀는 더 이상 죄를 가지고 고소할 수가 없습니다. 부활하신 예수님은 지금 우리를 위해 기도하십니다. 언제나 잊지 맙시다.

부활하신 하나님의 아들 그리스도 예수님만의 나의 구주.

93 · 환난 곤고 박해

8장 35절

누가 우리를 그리스도의 사랑에서 끊으리요 환난이나
곤고나 박해나 기근이나 적신이나 위험이나 칼이랴
Who shall separate us from the love of Christ?
Shall trouble or hardship or persecution
or famine or nakedness or danger or sword?

이런 저런 이유로 예수님을 떠납니다.

예수님께서 나를 살려주신 그리스도이심을 믿는다면 그럴 수 없지요. 예수님께서 나를 살리시려고 십자가 지시고 못 박히시고 창에 찔리셔서 물과 피를 다 쏟으신 것을 믿는다면 그럴 수 없지요. 부활하신 예수님을 만났다면 그럴 수 없지요.

예수님만으로 배가 부릅니다. 다 잃어도 예수님만 계시면 괜찮습니다.

감사드립니다. 사랑합니다.

키우던 개도 못 버리는데 예수님을 버릴 수는 없습니다.

3

롬 9~11장

94 · 아브라함의 자손

9장 7절

또한 아브라함의 씨가 다 그의 자녀가 아니라 오직
이삭으로부터 난 자라야 네 씨라 불리리라 하셨으니

Nor because they are his descendants are they all Abrahams children. On the contrary, “It is through Isaac that your offspring will be reckoned.”

사람은 하나님 앞에서만 평등합니다.

누구든지 예수님을 믿으면 하나님 자녀가 될 수 있습니다. 하나님은 내 과거를 보지 않습니다. 초라한 지금 내 모습도 보지 않습니다. 내가 예수님만을 가장 귀하게 모시고 사는지를 모십니다. 살려주신 은혜를 감사할 줄 아는지 만을 보십니다.

아브라함은 하나님 말씀이면 자식까지도 바치는 순종의 사람입니다. 이삭도 자기를 죽이려는 아버지 앞에서 달아나지 않은 순종의 사람입니다. 유대인이라고 모두 아브라함의 후손이 아닙니다.

유대인 그리스인 관계없이 오직 예수님만을 사랑한다면 차별 없이 모두가 아브라함 후손입니다.

95 · 하나님의 자녀

9장 8절

곧 육신의 자녀가 하나님의 자녀가 아니요
오직 약속의 자녀가 씨로 여기심을 받느니라

In other words, it is not the natural children who are Gods children, but it is the children of the promise who are regarded as Abrahams offspring.

유대인이라고 다 하나님의 자녀가 아닙니다. 어림도 없습니다. 아브라함의 자손은 하나님께서 약속하신 이삭이지 이스마엘이 아닙니다.

마찬가지로 그리스도이신 예수님을 구주로 믿어야만 하나님의 자녀가 될 수 있습니다. 하나님의 약속은 누구든지 예수님을 구주로 믿으면 멸망하지 않고 영생을 얻는 것입니다. 예수님을 구주로 영접하면 하나님의 자녀가 되는 은혜를 주시기로 약속하셨습니다.

차별 없는 하나님의 뜻입니다.
다른 길은 없습니다. 모태신앙 너무 자랑하지 마십시오. 집안에 목사님, 장로님 많다고 자랑하지 마십시오. 지금 예수님은 나에게 누구십니까?

96 · 야곱과 에서

ROMANS

9장 13절

기록된 바 내가 야곱은 사랑하고 에서는 미워하였다 하심과 같으니라 그런즉 우리가 무슨 말을 하리요 하나님께 불의가 있느냐 그럴 수 없느니라

Just as it is written : "Jacob I loved, but Esau I hated." What then shall we say? Is God unjust? Not at all!

차별이 아닙니다.

야곱은 하나님께서 다스리는 사람입니다. 죽어도 하나님을 놓지않고 매달리는 사람입니다. 하나님만을 예배하고 그 말씀을 듣는 사람입니다. 자신은 하나님의 것이니 하나님 말씀을 듣는 게 마땅하다고 믿는 사람입니다.

에서는 하나님에게 관심 없는 사람입니다. 얼마나 하나님을 우습게 보면 하나님의 약속된 장자권도 팥죽 한 그릇에 팔아먹겠습니까? 조금 기분 나쁘면 하나님이 어디 있느냐고 화내고 조금 기분 좋으면 하나님은 새까맣게 잊어버리는 사람입니다. 자신이 하나님의 소유라는 생각이 조금도 없는 사람입니다.

하나님은 공의와 정의의 하나님입니다. 사람을 보고 차별하지 않습니다. 선을 사랑하고 악을 미워하십니다. 이것은 하나님의 공의입니다. 나는 야곱인가요, 에서인가요?

97 · 하나님 은혜

ROMANS

9장 16절

그런즉 원하는 자로 말미암음도 아니요 달음박질하는 자로 말미암음도 아니요
오직 긍휼히 여기시는 하나님으로 말미암음이니라

It does not, therefore, depend on mans desire
or effort, but on Gdos mercy.

하나님은 유대인이라고 사랑하시고 이방인이라고 싫어하지 않으십니다.

부자는 사랑하고 가난한 사람이라고 싫어하지 않으십니다.

배운 사람은 좋아하고 못 배운 사람이라고 싫어하지 않으십니다.

높은 사람은 좋아하고 낮은 사람이라고 싫어하지 않으십니다.

누구든지 온 마음을 다해 하나님을 사랑하면 하나님도 그 사람을 사랑하십니다.

어려운 형제를 사랑하면 하나님도 사랑하십니다.

교만하지 않고 겸손한 사람을 사랑하십니다.

야곱은 사랑하시고 에서는 미워하십니다.

98 · 긍휼과 완악

9장 18절

그런즉 하나님께서 하고자 하시는 자를 긍휼히 여기시고
하고자 하시는 자를 완악하게 하시느니라
Therefore God has mercy on whom he wants to have mercy,
and he hardend whom he wants to harden.

하나님을 안 믿는 사람이면 무슨 이런 경우가 있나 화가 날 수 있습니다. 세상 모든 게 하나님의 공작인가 놀랄 수 있습니다. 누구는 사랑을 받고 누구는 찍혀서 헤매느냐고 따질 수 있습니다. 바로 왕 예수님 팔은 유다 모두 하나님 눈에 나서 멸망했냐고 핏대를 올릴 수 있습니다.

저는 하나님을 믿습니다. 그렇다고 하나님을 다 아는 것은 아닙니다. 어림도 없습니다. 믿음은 내가 이해되는 것만 믿는 게 아닙니다. 지금은 몰라도 하나님의 전부를 믿는 것입니다. 하나님께서 선별적으로 긍휼히 여기시고 완악하게 하신다면 하나님만이 아시는 우리가 알 수 없는 사정이 있으시겠지요. 아마 하나님은 바로에게도 유다에게도 기회를 주시고 기다리셨을 것입니다. 뱀처럼 거짓말로 속이지는 않았을 것입니다.
하나님의 공의를 믿습니다. 이 말씀도 아멘입니다.

99 · 하나님께 화가 날 때

9장 20절

이 사람아 네가 누구이기에 감히 하나님께 반문하느냐 지음을 받은 물건이 지은 자에게 어찌 나를 이같이 만들었느냐 말하겠느냐

But who are you, O man, to talk back to God? "Shall what is formed say to him who formed it, Why did you make me like this?"

살다보면 화가 나서 하나님께 따질 수 있습니다. 해가 지기 전에 화에서 벗어나십시오. 힘들어도 기다리십시오. 하나님은 뜻이 계십니다. 걱정하지 마십시오.

하나님은 나의 아버지 좋은 목자, 나는 그의 양. 목자가 약해도 양보다 강하고 몰라도 양보다는 더 압니다. 목자는 양을 쉴만한 물가로 푸른 초장으로 인도하십니다.

양이 목자를 믿고 따르는게 믿음입니다. 불평하지 마십시오. 감사하십시오.

내가 하나님을 만든 것이 아닙니다. 하나님께서 나를 만드셨습니다.

100 · 토기장이와 그릇

9장 21절

토기장이가 진흙 한 덩이로 하나는 귀히 쓸 그릇을,
하나는 천히 쓸 그릇을 만들 권한이 없느냐
Does not the potter have the right to make out of the same lump of clay
some pottery for noble purposes and some for common use?

유대인들은 자기들만이 귀한 그릇이 되어야한다고 믿고 있습니다.
이방인이 어떻게 귀한 그릇이 될 수 있냐고 하나님께 항의합니다.

하나님은 아닙니다.
유대인들이 아무리 떠들어도 이방인도 귀한 그릇으로 만들 수 있습니다.

하나님의 공의는 차별이 없습니다.

진흙의 주인이 토기장이라면 내 주인은 하나님이십니다.
주인의 뜻대로 그릇이 태어납니다.

101 · 하나님 백성

9장 25절

내가 내 백성 아닌 자를 내 백성이라
사랑하지 아니한 자를 사랑한 자라 부르리라
I will call them my people who are not my people,
and I will call her my loved one who is not my loved one.

바울은 유대인들에게 눈엣가시입니다. 자기들만 하나님 백성이라고 우쭐대며 살았는데 바울은 자기들이 우습게 보는 이웃나라 사람들도 하나님 백성이 된다니 너무 기분이 좋지 않습니다.

바울은 절대 타협이 없습니다. 유대인이던 아니던 상관없이 예수님을 구주로 믿지 않으면 하나님 자녀가 될 수 없고 믿으면 누구든지 될 수 있다는 폭탄선언입니다.

하나님께서 유대인만 구원하실 리가 없습니다.

예수님은 유대인만의 구주가 아니라 만민의 구주이십니다.

나의 구주이십니다.

102 · 의롭게 되는 길

9장 30절

그런즉 우리가 무슨 말을 하리요 의를 따르지
아니한 이방인들이 의를 얻었으니 곧 믿음에서 난 의요
What then shall we say? That the Gentiles, who did not pursue righteousness, have obtained it, a righteousness that is by faith :

유대인만 의로워질 수 있나요? 아닙니다. 하나님의 구원은 혈통이 아닙니다. 조상 잘 만나면 덤으로 받는 게 아닙니다.

이방인도 예수님을 구주로 믿으면 누구든지 의로워질 수 있습니다.

율법도 없고 계명도 모른 채 살았지만 나를 위해 예수님께서 십자가에 죽으시고 살아나신 구주이심을 믿으면 모든 죄를 용서받고 의인이라는 인정을 받습니다.

십자가에 달린 강도도 회개하면 의인이 되는 세상이 하나님 나라입니다. 문 닫기 전에 들어와도 아침 일찍 들어온 사람들과 같은 품삯을 주시는 게 하나님의 셈입니다. 하나님을 향해 모순이라고 화를 낸다면 현대판 유대인입니다.

103 · 예수님

9장 33절

보라 내가 걸림돌과 거치는 바위를 시온에 두노니
그를 믿는 자는 부끄러움을 당하지 아니하리라

See, I lay in Zion a stone that causes men to stumble and a rock that makes them fall, and the one who trusts in him will never be put to shame.

나는 아버지께서 보내서 왔다. 나로 말미암지 않고는 아버지께로 갈 수 없다. 내가 곧 길이요 진리요 생명이다. 예수님은 거침없이 하늘나라를 선포하셨습니다.

유대인들은 돌을 들어 치려 했고 바리새인들도 이를 갈았습니다. 그들은 예수님을 죽였습니다. 하나님께서 보내신 아들 그리스도로 믿지 않기 때문입니다. 예수님은 어린양처럼 잠잠히 십자가를 지셨습니다. 삼일만에 부활하셨습니다. 하나님의 아들 그리스도이심을 증명하셨습니다.

누구든지 예수님을 그리스도로 믿으면 부끄러움을 당하지 않습니다. 예수님의 죄 용서 때문입니다.

예수님을 믿으면 예수님을 닮아갑니다. 마지막 심판대 앞에 서는 날 예수님은 네가 나를 닮았구나, 칭찬하실 것입니다.

104 · 예수님 의

10장 3절

하나님의 의를 모르고 자기 의를 세우려고
힘써 하나님의 의에 복종하지 아니하였느니라
Since tjey did not know the righteousness that comes from God and sought to establish their own, they did not submit to Gods righteousness.

어떻게 의로워질 수 있나요? 인간의 가장 큰 문제입니다. 답은 예수님을 구주로 믿어 죄 용서받는 길 밖에 없습니다. 그분의 은혜로만 의로워지지 다른 길은 없습니다. 율법의 산을 넘을 수 있는 사람은 없습니다. 자신의 힘으로 의로워질 수 없습니다.

누가 의롭다고 나설 수 있습니까. 누가 죄를 이길 수 있습니까. 사람은 나를 몰라도 하나님은 내 속을 아십니다.

깨끗한 척 자신을 속이지 말고 겸손하게 예수님을 모십시오.
성령님을 의지하십시오.
예수님만이 하나님의 의, 예수님 없이는 스스로 의로워질 수 없습니다.

105 · 그리스도와 의

10장 4절

그리스도는 모든 믿는 자에게 의를 이루기 위하여 율법의 마침이 되시니라
Christ is the end of the law so that there may be
righteousness for everyone who believes.

율법의 마침은 의입니다. 사람은 율법으로 의로워질 수 없습니다. 율법대로 못 살기 때문입니다. 예수님은 이 땅에 오신 하나님의 아들 그리스도입니다. 그리스도는 왕이지만 대접받는 자리가 아닙니다. 임무는 죄인을 의롭게 하시기 위해 죗값을 갚아주는 제물입니다. 예수님의 십자가 죽음. 제물은 부정하면 자격이 없습니다. 죄가 있으면 자격이 없습니다. 사람은 제물이 될 수 없습니다. 죽어도 소용이 없습니다. 죄 때문입니다.

과연 예수님은 우리를 의롭게 하시는 그리스도인지 어떻게 알 수 있습니까? 아무도 예수님을 그리스도로 믿지 않았습니다.

예수님의 부활은 예수님은 죄 없는 하나님의 아들이심과 예수님께서 지고가신 세상 모든 죄를 용서하신 증거입니다.

예수님의 부활로 죄 값은 갚아졌고 누구든지 예수님을 믿으면 의롭게 되었습니다. 예수님 밖에서는 의로워질 수 없습니다. 그리스도는 십자가와 부활이 있습니다. 없으면 가짜.

오직 예수님을 구주로 믿을 때 은혜로 의롭게 될 수 있습니다.

106 · 오직 믿음으로

10장 6절

네 마음에 누가 하늘에 올라가겠느냐 하지 말라
Do not say in your heart, Who will ascend into heaven? (that is, to bring Christ up from the dead).

무슨 말인가요? 예수님을 믿으면 하나님께 갈 수 있습니다.
교회에 다니면서도 내가 어떻게 천당에 가요, 말하는 사람들이 많습니다.

예수님의 십자가 은혜와 부활의 생명을 믿지 않거나 모르기 때문에 이런 말을 합니다.

누구나 자신의 힘으로는 천국에 못가지만 예수님 은혜로 천국에 갑니다.

아직도 어떻게 우리가 천국에 가냐고 말하면 예수님은 마음이 아프시죠.

이런 말은 겸손이 아니라 말씀을 믿지 않기 때문입니다.

107 · 무저갱

10장 7절

혹은 누가 무저갱에 내려가겠느냐 하지 말라하니 내려가겠느냐 함은
그리스도를 죽은 자 가운데서 모셔 올리려는 것이라
or Who will descend into the deep?"
(that is , to bring Christ up from the end).

예수님은 내가 가야할 무저갱(deep)에 가셨습니다.
십자가에서 죽으신 후 세상 죄를 지시고 그 곳으로 가셨습니다.
죄만 있는 곳. 하나님은 계시지 않는 곳.
죄인이 영원히 있어야 할 그곳에 예수님께서 가셨습니다.

죄 값은 이렇게 확실히 갚아야 합니다. 대충 말로 끝낼 수 없습니다.
예수님은 부활하시기 전까지 무저갱에서 세상 모든 죄 값을 갚아 주셨습니다.
누가 무저갱에 가겠냐고 말한다면 큰 일 납니다.
예수님께서 가셨는데 못 믿겠다는 말입니다. 누가 거기에 가겠습니까.

108 · 구원

10장 9절

네가 만일 네 입으로 예수를 주로 시인하며 또 하나님께서 그를 죽은 자 가운데서 살리신 것을 네 마음에 믿으면 구원을 받으리라

That if you confess with your mouth, "Jesus is Lord", and believe in your heart that God raised him from the dead, you will be saved.

구원 받는 길이 너무 쉬워 보입니다. 돈을 내는 것도 아니고 땀 흘려 일하는 것도 아니니까요. 정말 쉬울까요? 예수님을 주님이라고 부른다면 주인 말씀대로 살겠다는 말입니다. 여전히 내 마음대로 살고 있다면 주인이 아닙니다. 주인은 나를 산 사람입니다. 예수님은 피 흘려 나를 죄에서 사셨습니다. 감사할 수 밖에 없습니다. 감사하지 않는다면 주인이 아닙니다.

사람들은 예수님을 무시합니다. 배움도 없고 가난한 집안이라고 눈길도 주지 않습니다. 예수님을 믿는다면 예수님은 하나님의 아들이신 것을 믿는 것입니다. 하나님의 아들은 죄가 없습니다. 제물이 되실 자격이 있습니다. 하나님은 아들이 죄 없기에 죽음에서 살리셨습니다. 부활하신 예수님만이 그리스도가 되시고 죄에서 나를 구원하시는 구주입니다. 그 말씀에 순종할 수밖에 없습니다.

누구든지 예수님을 나의 주인 하나님의 아들이라고 믿는다면 온 마음 다해 감사와 순종으로 사랑하겠지요.

109 · 믿음과 순종

10장 10절

사람이 마음으로 믿어 의에 이르고
입으로 시인하여 구원에 이르느니라
For it is with your heart that you believe and are justified,
and it is with your mouth that you confess and are saved.

믿는 것과 시인하는 것의 차이는 무엇인가요? 마음은 안 보이고 입은 보입니다.

마음으로 믿어도 안보입니다. 입으로 시인하는 것은 보입니다.

보이지 않는 믿음은 보이는 순종으로 완성됩니다.

순종으로 믿음의 열매를 볼 수 있을 때 하나님 앞에 나갈 수 있는 구원이 이루어집니다.

구원의 순서는 믿고 순종입니다. 믿음 없는 순종이 있을 수 없고 순종 없는 믿음도 있을 수 없습니다.

믿음과 순종은 하나이며 구원의 열쇠입니다.

110 · 차별

10장 12절

유대인이나 헬라인이나 차별이 없음이라

For there is no difference between Jew and Gentile- the same Lord is Lord of all and richly blesses all who call on him,

예수님은 유대인만의 그리스도가 아닙니다.
유대인들은 그런 예수님이 싫었습니다. 자기들은 특별한 사람인 줄 알고 살았는데 예수님 앞에서는 다 같다는게 너무 싫었습니다.

유대인이 싫어한다고 하나님의 뜻이 취소될 수는 없습니다.
하나님은 오직 예수님만을 통해 세상을 구원하십니다. 차별이 없습니다.

유대인도 이방인도 예수님 안에서는 하나입니다.

누구든지 예수님을 믿으면 멸망하지 않고 영생을 얻는 게 진리입니다. 진리는 변할 수 없습니다.

지금 나도 예수님 때문에 하나님의 자녀가 될 수 있습니다.

111 · 믿음과 구원

10장 13절

누구든지 주의 이름을 부르는 자는 구원을 받으리라
for, "Everyone who calls on the name of the Lord will be saved."

주여 한번 부르고 구원을 받을 수 있다니. 이렇게 쉬울 수가.

그건 아니지요. 북한이나 회교국가에서 예수님을 믿는 형제들을 보십시오. 예수님을 부르면 죽습니다. 목숨을 내놓고 믿습니다.

그래도 좋다. 죽어도 좋다. 나의 왕 구주는 오직 예수님뿐이다.

죽으면 죽으리라. 주의 이름을 부른다는 게 바로 이런 것입니다. 산에 가서 야호 부르는 게 아닙니다.

스데반처럼 돌에 맞으면서도 예수님만이 나의 구주이지 다른 이름은 없다는 믿음입니다.

주님은 이 믿음이 내 속에 있는지 보십니다. 이 믿음으로 구원을 받습니다.

주님, 이 믿음을 나에게도 주옵소서.

112 · 전도(1)

10장 14절

그런즉 그들이 믿지 아니하는 이를 어찌 부르리요 듣지도 못한 이를 어찌 믿으리요 전파하는 자가 없이 어찌 들으리요
How, then, can they call on the one they have not believed in? And how can they believe in the one of whom they have not heard? And how can they hear without someone preaching to them?

예수님은 제자들에게 땅 끝까지 나를 전하라고 말씀하셨습니다. 명령입니다.
전하지 않으면 들을 수 없고 듣지 못하면 알 수가 없습니다.
예수님께서 누구인지 알지 못하면 어찌 구주로 믿겠습니까?

만약 땅 끝에 사는 사람이 예수님을 듣지 못하고 알지 못해서 믿지 못했다면 먼저 믿는 내 잘못입니다. 땅 끝은 남극 북극이 아니라 내가 피하고 싶은 사람 싫은 사람입니다. 원수를 사랑하라는 말씀은 바로 땅 끝에 있는 사람에게 예수님을 전하라는 명령입니다.

영혼 구원보다 더 큰 사랑은 없습니다.
예수님의 서로 사랑하라는 말씀은 복음 전도입니다.

113 · 전도(2)

10장 17절

믿음은 들음에서 나며 들음은
그리스도의 말씀으로 말미암았느니라
Consequently, faith comes from hearing the message,
and the message is heard through the word of Christ.

아브라함은 하나님의 말씀을 들었습니다. 네 고향을 떠나라는 말씀입니다. 아브라함은 순종했습니다.

말씀을 믿었기 때문입니다. 듣고 그다음 믿습니다.

예수님 제자들도 나를 따르라는 말씀을 듣고 따랐습니다. 하나님의 말씀을 전하는 것은 우리의 임무이고 그다음은 하나님의 영역입니다.

듣지 못하면 어찌 믿겠습니까. 있는 힘을 다해 예수님을 전합시다.
전도는 인간의 전략적 마케팅이 아닙니다.

성령님만을 의지하는 순종과 겸손입니다.
순종하여 전할 때 듣고 믿는 역사가 일어날 줄 믿습니다.

114 · 유대인

10장 19절

모세가 이르되 내가 백성 아닌 자로써 너희를 시기하게 하며
미련한 백성으로써 너희를 노엽게 하리라 하였고
Moses says, "I will make you envious by those who are not a nation :
I will make you angry by a nation that has no understanding."

하나님은 원래 모든 사람을 사랑하셨지 유대인만 사랑한 게 아닙니다. 유대인의 오해입니다. 유대인만의 하나님이 아닙니다. 유대인을 통해 하나님의 사랑이 보여주신 것을 자기들만 사랑한다고 생각하면 착각입니다.

하나님은 누구든지 독생자 예수님을 구주로 믿으면 영생을 주십니다. 유대인도 이방인도 차별이 없습니다. 유대인은 예수님을 하나님의 아들 그리스도로 믿지 않고 오히려 죽였습니다. 이방인은 회개하고 예수님을 구주로 믿었습니다. 누가 먼저 영생을 얻었습니까? 이방인입니다. 나중 된 자가 먼저 되었습니다.

유대인은 이방인을 시기할게 아니라 하나님의 사랑을 세상에 전해야 마땅합니다. 먼저 사랑을 받았기 때문입니다. 하나님은 자기만 사랑하신다고 믿을 때 질투 시기하는 유대인이 됩니다.

아직도 하나님께서 자기를 사랑하시는지 모르는 이웃에게 그 사랑을 전해야 진짜 유대인입니다.

115 · 은혜

11장 6절

만일 은혜로 된 것이면 행위로 말미암지 않음이니
그렇지 않으면 은혜가 은혜 되지 못하느니라
And if by gracd, then it is no longer by works :
if it were, grace would no longer be grace.

누가 율법을 다 지킬 수 있습니까? 아무도 없습니다. 대제사장도 마찬가지입니다. 법은 못 지키면 죄인입니다.

죄인은 하나님께 못갑니다. 내 힘으로는 하나님께 못갑니다.

아직도 내 힘을 믿습니까? 나의 의를 자랑하십니까? 나는 죄짓는 선수입니다. 오직 예수님을 구주로 믿고 순종하며 감사할 때 하나님께 갈 수 있습니다.

십자가와 부활의 은총이 없다면 어림도 없습니다. 하나님의 은혜로 죄를 용서 받아야 죄인의 굴레를 벗을 수 있습니다. 죄 용서는 은혜입니다. 내 자랑이 아닙니다.

누구나 은혜 아니면 하나님 앞에 갈 수 없습니다.

116 · 유대인

11장 7절

그런즉 어떠하냐 이스라엘이 구하는 그것을 얻지 못하고 오직 택하심을 입은 자가 얻었고 그 남은 자들은 우둔하여졌느니라
What then? What Israel sought so earnestly it did not obtain, but the elect did. The others were hardened.

유대인은 예수님을 그리스도로 믿지 않습니다. 하나님께서 보내신 아들이라고 믿지 않습니다. 지금도 마찬가지입니다. 그들은 예수님을 구주로 믿지 않기 때문에 의롭게 될 수 없고 하나님께 갈 수가 없습니다. 유대인들은 율법을 붙잡고 의롭게 되려고 몸부림쳐도 절대 의인이 될 수 없습니다. 율법은 외우고 안다고 의인되는게 아니라 지켜야 되는데 아무도 지키는 사람이 없기 때문입니다.

의는 예수님 믿을 때 주시는 은혜이지 사람이 스스로 만들 수 없습니다.

오히려 유대인들이 사람 취급 안하던 이방인들은 예수님을 그리스도로 믿기 때문에 의롭게 되어 하나님을 아버지라 부르며 그 앞에 갈 수 있게 되었습니다. 예수님을 무시하는 유대인들만 하나님께 못 가게 되었습니다.

117 · 이스라엘의 회복(1)

11장 11절

그러므로 내가 말하노니 그들이 넘어지기까지 실족하였느냐 그럴 수 없느니라 그들이 넘어짐으로 구원이 이방인에게 이르러 이스라엘로 시기나게 함이라

Again I ask : Did they stumble so as to fall beyond recovery?
Not at all! Rather, because of their transgression,
salvation has come to the Gentiles to make Israel envious.

하나님은 모든 사람을 사랑하십니다. 유대인도 사랑하십니다. 그들을 버리신 게 아닙니다. 하나님께서 버리는 사람은 없습니다.

유대인들이 예수님을 그리스도 믿지 않을 때 많은 이방인들이 예수님을 믿고 하나님의 자녀가 되었습니다.

땅 끝까지 복음이 전파되고 이방인들이 예수님을 믿으면 하나님은 유대인들을 다시 일어나게 하십니다. 그들은 죽지 않았습니다.

그들이 예수님을 믿을 때, 예수님은 다시 오시고 하나님의 뜻이 이 땅에 이루어질 것입니다.

118 · 이스라엘의 회복(2)

11장 12절

그들의 넘어짐이 세상의 풍성함이 되며 그들의 실패가
이방인의 풍성함이 되거든 하물며 그들의 충만함이리요
But if their transgression means riches for the world, and their loss means riches for the Gentiles, how much greater riches will their fullness bring!

유대인이 예수님을 구주로 안 믿으니까 복음이 이방인에게로 가게 되었습니다.
이것 역시 하나님의 섭리입니다. 안 믿는 유대인 덕분에 이방인은 기회가 왔지요.
이방인에게는 더할 수 없는 큰 선물입니다.

어느 날 유대인도 예수님을 믿는다면 그때는 얼마나 더 좋은 일이 일어날까요.
예수님께서 약속대로 이 땅에 다시 오시겠지요.
어서 유대인이 변하여 예수님을 그리스도로 믿는 날이 오기를 기도합니다.

119 · 유대인의 회개

11장 15절

그들을 버리는 것이 세상의 화목이 되거든 그 받아들이는 것이 죽은 자 가운데서 살아나는 것이 아니면 무엇이리요
For if their rejection is the reconciliation of the world, what will their acceptance be but life from the dead?

유대인들이 예수님을 믿지 않았기 때문에 복음은 이방인에게로 전해지기 시작했습니다. 이방인들은 예수님을 그리스도로 믿었습니다. 이 안에는 하나님의 깊은 뜻이 있을 줄 믿습니다.

먼저 이방인들이 돌아오게 하시고 유대인은 이방인들을 보면서 돌아오게 될 것입니다.
유대인은 꼭 예수님을 믿게 될 것입니다.
그 날이 오면 예수님 안에서 유대인과 이방인이 하나가 되고 약속하신대로 예수님은 다시 이 땅에 오실 줄 믿습니다.

120 · 거룩한 떡덩이

11장 16절

제사하는 처음 익은 곡식 가루가 거룩한즉 떡덩이도
그러하고 뿌리가 거룩한즉 가지도 그러하니라
If the part of the dough offered as firstfruits is holy,
then the whole batch is holy : if the root is holy, so are the branches.

예수님만이 거룩하십니다. 제물의 자격이 있습니다.

누구든지 예수님을 구주로 믿으면 예수님으로 반죽이 된 떡덩이입니다.

예수님께서 거룩하니 당연히 거룩한 떡덩이가 되어 영생을 얻게 됩니다.

마찬가지로 뿌리가 거룩해야 가지도 거룩하고 열매도 거룩합니다. 뿌리가 부정한데 가지와 열매가 거룩할 수 없습니다.

예수님만이 거룩하십니다. 예수님과 하나가 되어야 거룩할 수 있습니다. 믿음은 예수님과 하나 된 떡덩이입니다. 뿌리에서 올라온 가지입니다.

121 · 예수님 은혜

11장 18절

그 가지들을 향하여 자랑하지 말라 자랑할지라도 네가 뿌리를 보전하는 것이 아니요 뿌리가 너를 보존하는 것이니라

do not boast over those branches. If you do, consider this : You do not support the root, but the root supports you.

우리는 자신을 자랑할게 하나도 없습니다. 정말 없습니다. 자랑할 것은 오직 예수님뿐입니다.

예수님께서 거룩하니 나도 그 은혜로 거룩해졌습니다.

내가 거룩해서 거룩해진 게 아닙니다. 이 모든 게 예수님 은혜입니다.

예수님 없으면 나는 없습니다. 열매를 맺어도 내가 맺는 게 아니라 뿌리에서 영양분을 보내주었기 때문입니다.

모든 영광 예수님께 올려드리십시다.

122 · 믿음과 구원

11장 21절

하나님이 원 가지들도 아끼지 아니하셨은즉
너도 아끼지 아니하시리라
For if God did not spare the natural
branches, he will not spare you either.

믿음은 현재완료형이지만 현재가 가장 중요합니다. 과거에 믿음이 좋았는데 지금은 아니라면 줄기에서 떨어진 가지입니다.
그런 가지는 땔감밖에 될 수 없습니다.

자신이 모태 신앙이라고 말하는 사람들도 마찬가지입니다. 끝까지 믿음을 지켜야 복 있는 사람입니다.

믿음은 하나님과 나 사이에 일대일 관계입니다. 그 사이에 부모 형제 부부는 없습니다.

악인이 회개하면 구원을 받지만 의인이 믿음에서 떠나면 떨어진 가지가 됩니다.

123 · 유대인과 이방인

11장 25절

이 신비는 이방인의 충만한 수가 들어오기까지
이스라엘의 더러는 우둔하게 된 것이라
Israel has experienced a hardening in part until the full number of the Gentiles has come in.

유대인은 예수님을 가장 사랑하여야 될 텐데 죽였습니다. 죽인 이유는 그리스도가 아닌데 자신을 그리스도라고 우리에게 거짓말했다는 것입니다.

예수님께서 하늘로 가신 후 예수님 제자들은 먼저 유대인들에게 예수님만이 그리스도라고 전했습니다. 유대인들은 믿지 않았습니다.

오히려 제자들을 핍박했습니다. 제자들은 이방인들에게 예수님을 전하기 위해 흩어졌습니다.
이방인들은 회개하며 예수님을 그리스도로 믿었습니다. 그리스도를 기다리던 유대인은 안 믿고 그리스도를 모르던 이방인은 믿었습니다. 유대인이 믿지 않는 것은 이방인을 믿게 하시려는 하나님의 작전이 아닌가 싶습니다.

124 · 하나님의 부르심

11장 29절

하나님의 은사와 부르심에는
후회하심이 없느니라
for Gods gifts and
his call are irrevocable.

자식을 키우면 큰 놈도 막내도 다 예쁩니다. 잠든 아이들을 보는 아버지의 마음에 차별 같은 말은 있을 수가 없습니다.

하나님은 더 하십니다. 유대인도 이방인도 다 예쁩니다.

유대인도 이방인도 모두 예수님을 구주로 믿어 구원받기를 바라시는 게 하나님의 마음입니다.

예수님 안에는 더 이상 유대인도 이방인도 없습니다. 하나입니다. 형제와 자매입니다.

그 날이 오면 아버지 집에서 모두가 함께 모여 예배할 것입니다. 그 날을 기다립니다.
할렐루야.

125 · 하나님의 은혜

11장 32절

하나님이 모든 사람을 순종하지 아니하는 가운데 두심은
모든 사람에게 긍휼을 베풀려 하심이로다
For God has concluded them all in unbelief,
that he might have mercy upon all.

하나님은 힘으로 모든 사람이 당신을 믿게 하실 수 있지만 그렇게 안하십니다. 사탄은 싫다고 해도 자기 마음대로 하지만. 하나님은 양들을 방목하는 목자처럼 우리를 풀어놓아주십니다.

우리는 다 자기 가고 싶은 대로 가버렸습니다.

하나님은 자기 양에게 관심이 없는 게 아닙니다. 이 세상에 독생자를 보내셔서 희생양이 되게 하시고 누구든지 그 은혜를 믿고 감사하면 멸망하지 않고 영생을 얻는 안전망을 깔아주셨습니다.

유대인만 아니고 이방인이라도 예수님만 믿으면 구원하시는 작전입니다. 지금은 구원받을 때입니다.
양의 문이 되신 예수님을 통해 하나님과 화목하십시오.

4

|

롬 12~14장

126 · 예배

12장 1절

너희 몸을 하나님이 기뻐하시는 거룩한 산 제물로 드리라
이는 너희가 드릴 영적 예배니라

Therefore, I urge you, brothers, in view of Gods mercy, to offer your bodies as living sacrifices, holy and pleasing to God– this is your spiritual act of worship.

제물은 흠이 없어야 합니다. 제물은 죽어야 합니다. 하나님이 기뻐하시는 거룩한 산 제사는 예수님의 보혈로 죄 용서 받고 죄와는 이별하는 삶입니다.

속은 죄가 가득하고 겉은 번지르르한 바리새인이 아닙니다.

내 힘으로 가능할까요? 하나님은 우리의 몸과 마음이 거룩한 산 제물이 되어야 예배를 받으십니다. 영적 예배만 받으십니다. 성령님의 역사하심이 없이는 우리는 영적 예배를 드릴 수 없습니다.

화려한 의식의 예배보다도 가슴을 찢는 영적예배입니다. 이 예배는 성령으로만 가능합니다. 예배를 위해 성령님께 기도합시다.

127 · 중생

ROMANS

12장 2절

오직 마음을 새롭게 함으로 변화를 받아 하나님의 선하시고 기뻐하시고 온전하신 뜻이 무엇인지 분별하도록 하라

but be transformed by the renewing of your mind. Then you will be able to test and approve what Gods will is– his good, pleasing and perfect will.

성령님께서 오셔야 새 사람이 됩니다.
새 사람은 죄를 싫어하고 말씀에 순종합니다.
성령님 없이는 죄를 이길 수도 없고 하나님의 뜻이 무엇인지도 모릅니다.

성령님 없이는 무늬만 크리스천일 뿐 거듭날 수가 없습니다.

예수님의 제자들이 받은 성령세례를 받아야 힘이 생겨 죄를 이기고 아버지의 뜻에 순종할 수 있습니다.

오직 성령.

128 · 사랑(1)

13장 8절

남을 사랑하는 자는 율법을 다 이루었느니라
for he who loves his fellowman has fulfilled the law.

누가 정말 믿음이 좋은 사람일까요? 예수님 닮은 사람. 누가 예수님을 닮은 사람인가요?

예수님처럼 사랑하는 사람.
세상에 예수님을 전하는 사람.

사랑하는 사람은 무슨 일도 해도 겸손하고 온유합니다. 추운겨울에 따뜻한 난로 같은 사람. 떠나고 싶지 않은 사람.

율법은 하나님 사랑과 사람 사랑. 율법은 사랑입니다. 사랑 없으면 그 믿음은 가짜입니다.
전도를 해도 구제를 해도 사랑 없으면 하나님을 기쁘시게 할 수 없습니다.
화내지 맙시다. 욕하지 맙시다. 속이지 맙시다.
사랑이 아닙니다.

129 · 사랑(2)

13장 10절

사랑은 이웃에게 악을 행하지 아니하나니
그러므로 사랑은 율법의 완성이니라
Love does no harm to its neighbor.
Therefore love is the fulfillment of the law.

하나님은 약한 이웃을 짓밟고 무시하면 너무 화를 내십니다. 진노하십니다.

너희가 고아, 과부를 울리면서 나에게 소를 잡고 양을 잡으면 내가 좋아하겠냐고 화를 내셨습니다.

하나님을 사랑한다면서 사람을 못살게 하는 사람은 거짓말입니다.
하나님을 사랑하면 하나님께서 가장 사랑하는 사람을 사랑해야 맞습니다.
힘없는 이웃에게 가난한 나라에서 온 외국인에게 잘 하는 게 믿음이고 하나님을 기쁘게 하는 예배입니다.

130 · 순종(2)

14장 8절

우리가 살아도 주를 위하여 살고 죽어도 주를 위하여
죽나니 그러므로 사나 죽으나 우리가 주의 것이로다
If we live, we live to the Lord : and if we die, we die to the Lord.
So, whether we live or die, we belong to the Lord.

예수님은 말씀하셨습니다.

- 나는 나를 보내신 아버지 뜻대로 산다. 내 마음대로 살지 않는다.

예수님은 아버지 뜻을 이루기 위하여 십자가를 지셨습니다. 부활의 영광이 나타났습니다.

예수님께서 나를 살려주신 것을 믿는다면 나는 그분의 것입니다. 내 것이 아닙니다. 그 분의 말씀을 듣는 것입니다.

내 멋대로 살던 삶을 접는 것입니다.
나에게도 영광의 부활이 기다립니다.

131 · 죽음 이후

14장 12절

이러므로 우리 각 사람이 자기 일을 하나님께 직고하리라
So then, each of us will give an account of himself to God.

한번 죽는 것은 사람에게 정한 일이요 그 후에는 심판이 있습니다.
예수님은 차라리 눈을 잃고 손과 다리를 잃어도 지옥가면 안된다고 하셨습니다.

거기는 하나님께서 안 계시는 곳
마귀와 영원히 함께 사는 곳
구더기도 죽지 않고 불도 꺼지지 않는 곳
십자가의 고통이 영원히 계속 되는 곳

심판은 누구에게나 기다리고 있습니다. 그 날을 준비하십시오.
내일은 나의 날이 아닙니다.
지금 그 분을 나의 구주로 영접하십시오.
생명 길은 이 길 밖에 없습니다.

132 · 하나님 나라

14장 17절

하나님의 나라는 먹는 것과 마시는 것이 아니요
오직 성령 안에 있는 의와 평강과 희락이라
For the kingdom of God is not a matter of eating and drinking, but of righteouness, peace and joy in the Holy Spirit,

하나님 나라는 번쩍거리는 금과 은이 아닙니다.
돈이 많고 힘이 세다고 하나님 나라가 아닙니다.

하나님 나라는 보이지 않습니다. 지금 내 마음 속에 있습니다.
성령님께서 다스리시면 천국, 마귀가 다스리면 지옥.
말씀에 순종하면 천국 아니면 지옥.

천국은 공의, 평안, 기쁨이 넓은 강처럼 흐릅니다.
지옥은 불의, 불안, 공포가 넓은 강처럼 흐릅니다.
지금 나는 어디에 있나요? 어디로 가나요?

예수천당 불신지옥.